LE IODELET,
OU LE MAISTRE VALET.
COMEDIE
DE MONSIEUR
SCARRON.

A PARIS,
Chez GUILLAUME DE LUYNE,
Libraire Juré, au Palais, en la Gallerie
des Merciers, à la Justice.

M. DC. LXXXIV.
AVEC PRIVILEGE DU ROY.

PERSONNAGES.

DOM JUAN d'Alvarade.

DOM LOUIS de Rochas.

DOM FERNAND, de Rochas.

ISABELLE de Rochas.

LUCRESSE d'Alvarade.

JODELET, Valet de DOM JUAN d'Alvarade.

ESTIENNE, Valet de DOM LOUIS de Rochas.

BEATRIS, Servante d'Isabelle.

La Scene est à Madrid.

JODELET,
OU LE MAISTRE VALET,
COMEDIE.

ACTE I.
SCENE PREMIERE.
JODELET, DOM JUAN.
JODELET.

UY, je n'en doute plus, ou bien vous estes fou,
Ou le Diable d'Enfer qui vous casse le cou,
A depuis peu chez vous éleu son domicile.
Arriver à telle heure en une telle Ville,

A

Courir toute la nuit sans boire ny manger,
Menacer son Valet, & le faire enrager.

DOM JUAN.

Taisez-vous maistre sot. Cette Ruë où nous sommes
Est celle que je cherche.

JODELET.

O le plus fou des Hommes!
Et qu'y voulez-vous faire apres minuit sonné,
Aller voir Dom Fernand?

DOM JUAN.

Oüy, tu l'as deviné,
Je veux dés cette nuit aller voir Isabelle.

JODELET.

Dés cette nuit plûtost vous broüiller la cervelle,
Si cervelle chez vous est encore à broüiller.

DOM JUAN.

Si faut-il, Jodelet, te resoudre à veiller.
Quelque las que tu sois, quelque faim qui te tuë,
Je ne suis pas d'avis de sortir de la Ruë,
Sans avoir veu de prés l'objet de mon amour,
Le dussay-je chercher jusques au point du jour.

JODELET.

Ressouvien-toy, mortel, qu'il est tantôt une heure
Que l'on n'ouvrira point où Dom Fernand demeure;
Que nous sommes partis ce matin de Burgos,
Que tantost sur Mulets, & tantost sur Chevaux
Nous avons vous & moy, grace à vostre Hymenée,
Couru comme des foux le long de la journée,
Et que toute la nuit faire le Chat-huan
Est tres-grande folie au Seigneur Dom Juan.

DOM JUAN.

Ressouvien-toy, mortel, que n'aimer que sa gueule,
Que ne vivre icy bas rien que pour elle seule,
Est estre pis que beste; & donc, ô Jodelet,

Comedie.

Vous n'estes qu'une beste habillée en Valet.
JODELET.
Que je hay les Railleurs!
DOM JUAN.
Que je hay les Yvrognes!
JODELET.
Que je hay les Amans, & leurs mourantes trognes!
DOM JUAN.
Moy, que j'aime Isabelle, & que son seul portrait
Me perce jusqu'au cœur d'un redoutable trait!
JODELET.
Vous estes donc de ceux qu'une seule peinture
Remplit de feu Gregeois, & met à la torture,
Et si Monsieur le Peintre a bien fait un museau,
S'il s'est heureusement escrimé du pinceau,
S'il vous a fait en toille un adorable Idole,
L'original peut estre une fort belle folle,
Sa bouche de corail peut enfermer dedans.
De petits os pourris au lieu de belles dents.
Un portrait dira-t-il les deffauts de sa taille?
Si son corps est armé d'une jaque de maille?
S'il a quelques égouts outre les naturels?
Accident tres-contraire aux appétits charnels,
Enfin, si ce n'est point quelque horrible Squelette,
Dont les beautez la nuit sont dessous la toillette.
Ma foy si l'on vous voit de Femme mal pourveu,
Puisque vous vous coiffez devant que d'avoir veu,
Vous ne serez pas plaint de beaucoup de personnes.
DOM JUAN.
Sçais-tu bien, Jodelet, alors que tu raisonnes,
Qu'il n'est pas sous le Ciel un plus fâcheux que toy?
JODELET.
Il n'est pas sous le Ciel un plus fâché que moy,
Quand il faut à tâtons courir de Ruë en Ruë,

A ij

Ou dessous un Balcon faire le pied de gruë.
DOM JUAN.
Jodelet.

JODELET.
Dom Juan.

DOM JUAN.
Sans doute mon portrait
Envers mon Isabelle aura fait son effet,
J'y suis peint à ravir.

JODELET.
Je sçay bien le contraire.

DOM JUAN.
Que dis-tu?

JODELET.
Je vous dis, qu'il n'a fait que déplaire.

DOM JUAN.
D'où diable le sçay-tu?

JODELET.
D'où? je le sçay fort bien,
Parce qu'au lieu du vostre elle a receu le mien.

DOM JUAN.
Traistre, si tu dis vray, mais je croy que tu railles,
J'iray chercher ta vie au fonds de tes entrailles.

JODELET.
Venez-la donc chercher, car je ne raille point,
Mais en frappant mon corps, épargnez mon pour-
  point.

DOM JUAN.
Ne pense pas tourner la chose en raillerie.
Dy, comment l'as-tu fait?

JODELET.
Vous estes en furie.

DOM JUAN.
Oüy, j'y suis tout de bon, je n'y fus jamais tant;

Comedie.
JODELET.
ors qu'avec bon congé du Cardinal Infant,
Lettres de faveur, nous partîmes de Flandre.
DOM JUAN.
bien.
JODELET.
Ecoutez donc, & vous l'allez apprendre:
e desir violent de vous voir à Burgos
ous fit aller bien viste, & par mons & par vaux:
e voyage fut court, mais à nostre arrivée
n Frere mis à mort, une Sœur enlevée,
ans sçavoir où, par qui, ny pourquoy, ny cóment,
ous penserent quasi gâter le jugement.
DOM JUAN.
quel propos, méchant, viens-tu r'ouvrir ma playe
ar le ressouvenir d'une perte trop vraye?
a! Frere non vangé, Sœur qui m'ostes l'honneur!
t de ton assassin, & de ton suborneur
e sçauray par mon bras si bien me satisfaire,
Que je pourray vanter ce que j'avois à faire.
ais venons au Portrait.
JODELET.
J'y vay tant que je puis,
ais, ma foy, je ne sçay quasi plus où j'en suis,
e ne fais que tirer, & rengainer ma langue;
Car vous interrompez à tous coups ma harangue,
e n'ay pourtant rien dit qui ne soit à propos.
DOM JUAN.
Que ne raconte-tu la chose en peu de mots?
JODELET.
Je ne puis, ny parler tandis qu'un autre cause,
Pour moy, je dis toûjours par ordre chaque chose.
Or pour vostre Portrait que j'avois oublié....

A iij

DOM JUAN.
Jamais ses longs discours ne m'ont tant ennuyé.
JODELET.
A peine fûmes-nous de retour en Castille,
Que Fernand de Rochas vous proposa sa Fille.
Là-dessus, son Portrait qui vous fut apporté,
Vous rendit plus brûlant que le Soleil d'Eté,
Vingt mil écus estoient offerts avec la Belle,
Et vous pour la charmer, côme vous l'estiez d'elle,
Vous voulustes aussi qu'elle eust vostre Portrait,
Ainsi vous la frappiez avec son mesme trait;
Lors à bon chat, bon rat, & la pauvre Donzelle
Estoit pour en avoir profondement dans l'aisle.
Le stratagême estoit d'Amant bien rafiné,
Mais le Ciel autrement en avoit ordonné.
DOM JUAN.
Enfin, finiras-tu quelque jour ton histoire?
JODELET.
Oüy, Seigneur, mais il faut vous remettre en memoire;
Car pour moy je suis las de me ressouvenir.
DOM JUAN.
Fusse-tu las aussi de tant m'entretenir;
J'ay bien icy besoin de patience extréme.
JODELET.
Vous vous souviendrez donc, que vostre Peintre (mesme
Me voulut peindre aussi.
DOM JUAN.
          Poursuy, je le sçay bien.
JODELET.
Sçavez-vous bien aussi qu'il ne m'en coûta rien,
Et que ce bon Flamâd est brave hôme, ou je meurt.
DOM JUAN.
Et bien croy-tu pouvoir achever dans une heure?

Comedie.

As-tu brûlé, vendu, beu, mangé mon Portrait?
L'ay-je encore, l'a-t-elle, enfin qu'en as-tu fait?
JODELET.
Donnez-moy patience, & vous l'allez apprendre:
Mais retournons chez nous, & laissons-là la Flâdre.
Comme j'estois apres à vous empaqueter,
Vous sçavez que je suis tres-facile à tenter,
Et que le Ciel m'a fait curieux de nature,
Pour vostre grand malheur j'avisay ma peinture,
Celle qu'au Païs-bas, comme je vous ay dit,
Sans qu'il m'en coûtast rien vostre Peintre me fit;
Je la mis aussi-tost vis-à-vis de la vostre,
Pour voir si l'une estoit aussi belle que l'autre:
Lors je ne sçay comment le Diable s'en mesla,
Ny ne vous puis conter comment se fit cela,
La mienne prit la poste, & la vostre restée,
Fit que j'eus quelques jours la teste inquietée:
Mais le temps qui dissipe & chasse les ennuis,
M'ayant favorisé de quelques bonnes nuits,
Je me suis défâché de peur d'estre malade.
Vous, si vous me croyez, sans faire d'incartade,
Vous ne songerez plus au mal que j'ay commis,
Puis que c'est par mégarde, il doit estre remis;
Voila la verité, comme on dit, toute nuë.
DOM JUAN.
Et qu'aura-t-elle dit de ta face cornuë?
Chien, qu'aura-t-elle dit de ton nez de Blereau?
Infame.
JODELET.
Elle aura dit que vous n'estes pas beau,
Et que si nous estions artisans de nous-mesmes,
On ne verroit par tout que des beautez extrêmes,
Qu'un chacun se feroit le nez effeminé,
Et que vous l'avez tel que Dieu vous l'a donné:

A iiij

Mais que mal à propos peu de chose vous choque,
Si vous pouvez demain luy conter l'équivoque!
Quand elle vous verra brillant comme un Phébus,
Vous me remercierez d'un si plaisant abus.
DOM JUAN.
Paix-là, je voy quelqu'un qui sçaura bien peut-estre
Où loge Dom Fernand; va le joindre.
JODELET.
Mon Maistre.
DOM JUAN.
Que veux-tu? parle bas.
JODELET.
Peut-estre il n'en sçait rien.
DOM JUAN.
Ha, mal-heureux poltron! tu meriterois bien
Qu'il te donnast cent coups.
JODELET.
Il le pourra bien faire.
Cavalier!

SCENE II.

ESTIENNE, JODELET, D. JUAN.

ESTIENNE.

Qui va là?
JODELET.
Soit dit sans vous déplaire,
Où loge Dom Fernand?

Comedie.

ESTIENNE.
C'est icy sa maison.

JODELET *haussant la voix.*
Ha vrayment pour ce coup mon Maistre avoit
raison.
Le Beau-pere est trouvé, venez viste son Gendre,
Nous n'avons qu'à fraper.

ESTIENNE.
Et moy je vien d'apprendre
Que je suis un vray sot de leur avoir montré
Où mon Maistre tantost est en cachette entré,
Et d'où je le tiens prest de sortir tout à l'heure.
Mais j'y veux donner ordre.

DOM JUAN.
Est-ce icy qu'il demeure?

ESTIENNE.
Oüy, mais il est malade, & n'aime pas le bruit.
Quelles gens estes-vous?

JODELET.
Nous n'allons que la nuit,
Nous portons à la nuit amitié singuliere,
Et serions bien fâchez d'avoir veu la lumiere:
Nous sommes de Norvegue, un Païs vers le Nort,
Où maudit d'un chacun est tout Homme qui dort.
Pour moy je ne dors point, voyez-vous-là mon
   Maistre;   (estre.
C'est le plus grand veilleur, qui se trouve peut-

ESTIENNE.
Ou plûtost un Voleur qui me fera raison
De m'avoir l'autre jour surpris en trahison.
Oüy, je le connois bien, & vous estiez ensemble.

JODELET.
Hôme un peu bien colere,& bien fou ce me semble.
Sçachez si nous l'étions la moitié tant que vous,

Que de ma blanche main vous auriez mille coups,
Et si vous ne fuyez, que cette mienne lame
N'aura plus de fourreau que celuy de vostre ame.
Mon Maistre avancez-vous, je commence à mollir,
Et sans l'obscurité vous me verriez pallir.
DOM JUAN.
A moy, Rustaut, à moy, que je vous civilise.
ESTIENNE.
Si faut-il, Tenébreux, que je vous dépaïse;
A deux cens pas d'icy, quoy que vous soyez deux,
Si vous osez me suivre on s'y battra bien mieux.
DOM JUAN.
Oüy-da, je vous suivray.
JODELET.
La peste, comme il drille,
J'ay pourtant eu frayeur de ce chien de Soudrille,
Autrement, sans péril je luy cassois les os.
Foin, je n'auray jamais poltron plus à propos.
Mais d'où diable est sorty cét autre vilain Hôme?

SCENE III.

D. LOUIS, JODELET, D. JUAN.

DOM LOUIS *descend du Balcon.*

EStienne.
JODELET.
L'on y va.
DOM JUAN.
C'est son Valet qu'il nomme,

Comedie.

Celuy qui devant nous vient de gagner au pié.
DOM LOUIS.
Ou je me trompe fort, ou je suis épiés
Mais la rumeur icy troubleroit Isabelle,
Et je dois mépriser l'honneur pour l'amour d'elle.
Fuyons puis qu'il le faut.
DOM JUAN.
Demeure, ou tu es mort!
Demeure encor un coup.
JODELET.
Diantre qu'il pousse fort.
DOM JUAN.
Dis ton nom vistement, ou je t'oste la vie.
JODELET.
Je suis Dom Jodelet, natif de Sigovie.
DOM JUAN.
Au diable le maraut; & l'Homme du Balcon....
JODELET.
Il s'en est envolé leger comme un Faucon,
Et moy sot que je suis je vuidois sa querelle,
Tandis que le poltron enfiloit la venelle.
De deux grands vilains coups que vous m'avez
    poussez,
J'ay crû mes intestins par deux fois offensez,
Vous estes un peu prompt : mais de grace, mon
    Maistre,
On sort donc à Madrid ainsi par la fenestre?
Vous ne me dites mot?
DOM JUAN.
L'as-tu bien entendu?
JODELET.
Oüy.
DOM JUAN.
J'en suis tout confus.

JODELET.

     Et moy tout confondu.

DOM JUAN.

Je ne dois pas icy rien faire à la volée.

JODELET.

Vous avez, ce me semble, un peu l'ame troublée.

DOM JUAN.

Oüy je l'ay, Jodelet, & j'en ay du sujet;
Mais, raisonnons un peu là-dessus.

JODELET.

     C'est bien fait,
Raisonnons, aussi bien j'en ay tres-grande envie,
Et je ne pense pas durant toute ma vie
Avoir esté jamais en mes raisons si fort:
Raisonnons donc, mon Maistre, & raisonnons bien
 fort.

DOM JUAN.

Je suis né dans Burgos, pauvre, mais d'une race
Exempte, jusqu'à moy, de honte & de disgrace.

JODELET.

Fort bien.

DOM JUAN.

   A mon retour de la guerre à Burgos
Je me trouve attaqué de deux differens maux;
Le meurtre de mon Frere, & ma Sœur enlevée,
Quoy que soigneusement dans l'honneur élevée,
Me causent un chagrin qui n'eut jamais d'égal.

JODELET.

Fort mal, fort mal, fort mal, & quatre fois fort mal.

DOM JUAN.

Dom Fernand me choisit pour époux d'Isabelle.
Ton Portrait pour le mien est receu de la Belle.

JODELET.

Pas trop mal.

DOM JUAN.
Nous traitons cette affaire sans bruit,
Et je pars pour Madrid, où j'arrive de nuit.
JODELET.
Un peu mal.
DOM JUAN.
Sans songer à me chercher un giste,
Mon amour droit icy m'ameine.
JODELET.
Un peu trop vîte.
DOM JUAN.
Je rencontre un Valet où loge Dom Fernand,
Qui me fait à dessein querelle d'Allemand.
J'en voy sortir son Maistre.
JODELET.
Il est vray qu'il détale
Comme un poltron qu'il est.
DOM JUAN.
Mais de peur de scandale,
Certes il ne vint point à nous comme un poltron.
JODELET.
Comment y vint-il donc le malheureux larron?
DOM JUAN.
Il y vint, Jodelet, comme aimé d'Isabelle.
JODELET.
Fort mal.
DOM JUAN.
Et c'est cela qui me met en cervelle.
JODELET.
Raisonnons donc encore.
DOM JUAN.
Ah ne raisonnes plus,
Tes sots raisonnemens sont icy superflus.
Attens, certain conseil que l'amour me suggére

Guérira mes soupçons, c'est en toy que j'espere.
Il faut que dés demain, ô mon cher Jodelet,
Tu passes pour mon Maistre, & moy pour ton Valet:
Ton Portrait supposé fait icy des merveilles.
Qu'as-tu, cher Jodelet, tu branles les oreilles?
JODELET.
Tous ces déguisemens sentent trop le baston,
J'aime mieux raisonner, & puis que diroit-on,
Dom Juan est Valet, & Jodelet est Maistre,
Et si par grand malheur, car enfin tout peut estre,
Vostre Maistresse m'aime, & si je l'aime aussi?
DOM JUAN.
De cela, Jodelet ne prens aucun soucy,
Le mal sera pour moy, mais durant cette feinte
Les trop justes soupçons dont mon ame est atteinte
Pourront estre éclaircis; car comme Jodelet,
Je feray confidence avecque ce Valet,
Je feray l'amoureux de la moindre Soubrette,
Mes présens ouvriront l'ame la plus secrette;
Toy, mangeant comme un chancre, & buvant comme un trou,
Paré de chaine d'or comme un Roy de Pérou,
Sans prendre aucune part à ma mélancolie.....
JODELET.
Je commence à trouver l'invention jolie.
DOM JUAN.
Chez le bon Dom Fernand tu seras régalé,
Et moy, de mes soupçons sans cesse bourelé,
Je me verray réduit à te porter envie,
Sans espoir de guérir durant ma triste vie.
JODELET.
Et ne pourray-je pas pour mieux representer
Le Seigneur Dom Juan, quelquefois charpenter

Sur voſtre noble dos? bien ſouvent ce me ſemble
Vous en uſez ainſi.
DOM JUAN.
Quand nous ſerons enſemble
Tous ſeuls, & ſans témoins, oüy je te le permets.
JODELET.
Potages mitonnez, ſavoureux entremets,
Biſques, paſtez, ragous, enfin dans mes entrailles
Vous ſerez digérez; & vous lâches Canailles,
Courtiſans de Madrid, luiſans, polis & beaux,
Nous vous en fournirons des Cocus de Burgos,

Fin du Premier Acte.

ACTE II.
SCENE PREMIERE
ISABELLE, BEATRIS.

ISABELLE.

Croyez-moy, Beatris, faites vostre paquet,
Sans penser m'ébloüir avec vostre caquet,
Je ne veux plus de vous.
BEATRIS.
                Et du moins que je sçache
Pour quel mal contre moy ma Maistresse se fâche?
ISABELLE.
Vous ne le sçavez pas?
BEATRIS.
            Ma foy, si j'en sçay rien,
Ne puissay-je jamais hanter les Gens de bien.
ISABELLE.
N'importe, je vous chasse.
BEATRIS.
            Et bien donc patience,
Je n'ay pourtant rien fait contre ma conscience;
Et je veux si jamais j'ay contre vous manqué,
Crever comme un boudin que l'on n'a pas piqué.

Tout ce malheur me vient de cette ame traiſtreſſe,
Et tout mõ peché n'eſt qu'aimer trop ma Maitreſſe
Vrayment l'on dit bien vray que toûjours les Flaṭ-
   teurs
Sont plus crûs mille fois que les bons Serviteurs.

ISABELLE.

Oüy, Dame Beatris, vous eſtes innocente,
Il n'eſt point dans Madrid de meilleure Servante;
Vous n'avez point ouvert mon Balcon cette nuit?
Vous n'alliez pas nuds pieds pour faire moins de
   bruit?

BEATRIS.

Helas! je m'en ſouviens, c'eſtoit voſtre dentelle
Que j'avois mis ſécher deſſus une ficelle,
Et j'eus peur que la nuit on la prit en ce lieu.

ISABELLE.

Vous ne parlaſtes point?

BEATRIS.

   C'eſt que je priois Dieu.

ISABELLE.

Quoy, ſi haut......

BEATRIS.

   Je le fais, afin que Dieu m'entende,
& la devotion en eſt beaucoup plus grande.

ISABELLE.

&t l'Homme qui ſauta de mon Balcon en bas,
ſtoit-ce ma dentelle?

BEATRIS.

   Ah! ne le croyez pas.

ISABELLE.

& l'ay veu, Beatris.

BEATRIS.

   Ha, ma bonne Maiſtreſſe;
l eſt vray, Dom Loüis,......

B

ISABELLE.

Ah Dieu! ce nom me blesse.
Quoy ce fut Dom Loüis?

BEATRIS.

Oüy, voître beau Cousin.

ISABELLE.

Mon beau Cousin, méchante, & pour quel beau dessein
L'aviez-vous introduit, infame, abominable!

BEATRIS.

Si c'est un grand peché que d'estre charitable,
Vous avez grand sujet de me crier bien fort;
Mais si vous m'écoutiez, je n'aurois pas grand tort.

ISABELLE.

Vous parlerez long-temps avant que je vous croye.

BEATRIS.

Ne puissiez-vous jamais souffrir que je vous voye,
Si je ne vous dis vray. Ce fut donc hier au soir
Que le bon Dom Loüis vint icy pour vous voir;
A cause qu'il pleuvoit je le mis dans la Salle,
Ce fut bien malgré moy, car je crains le scandale;
Mais le drolle qu'il est entra bon-gré mal-gré,
Tost apres, j'entendis cracher sur le degré
Vostre Pere Fernand, vous sçavez bien qu'il crache
Plus fort qu'aucun qui soit dans Madrid que je sçache.
Au bruit de ce crachat Dom Louïs se sauva
Dedans vostre Balcon, qu'entr'ouvert il trouva;
Je l'enfermois encor lors que vous arrivastes,
Avecque le Vieillard trop long-têps vous causastes;
Cependant Dom Loüis le Balcon habitoit,
Où de vos longs discours peu content il estoit;
Enfin, quand je vous vis dans le Lit assoupie,
Moy qui suis de tout temps encline à l'œuvre pie,

Je l'allay délivrer tres-charitablement;
Il me dit qu'il vouloit vous parler un moment;
Je dis *nescio vos*, & luy chantay goguette,
Disant, allez chercher vostre Dariolette.
Un autre l'eust servy, car il parloit des mieux,
Et je voyois tomber les larmes de ses yeux;
Mais lors qu'en me coulant en main quelques
    pistoles,
Et qu'en me conjurant de ses belles paroles,
En m'appellant, mon cœur, ma chere Beatris,
Il m'eut mis dans le doigt une Bague de prix,
Je veux bien l'avoüer, j'eus une telle rage,
Que je pensay deux fois luy sauter au visage.
Non que tous ses regrets ne me fissent pitié,
Et vrayment je le tiens de fort bonne amitié;
Mais dans vos intérests je ne connois personne,
Brebis par tout ailleurs, j'y suis une Lionne;
Et luy, si-tost qu'il vit que ce n'estoit plus jeu,
Que de fine fureur j'avois la face en feu,
Du Balcon sans tarder il sauta dans la Ruë,
Où j'entendis crier tost apres, tuë, tuë;
Voilà ce grand sujet de mon exclusion,
Et le juste loyer de mon affection,
Il faut bien que je sois Fille peu fortunée;
Je fondois mon bon-heur dessus vostre hymenée.
Et si de Dom Juan, qu'on dit estre venu,
Mon zéle à vous servir, pouvoit estre connu,
Je n'esperois pas moins?

ISABELLE.

              Quoy? Dom Juan encore?
Un Hôme que je crains, un Homme que j'abhorre,
Apres un Dom Louïs m'est par vous allegué.
Pretendez-vous par là me rendre l'esprit gay?
Adieu Fille de bien, que plus je ne vous voye.

B ij

BEATRIS.

Au diable Dom Loüis, c'est-là que je t'envoye,
Maudit soit le Badaut, & l'Amoureux transy,
Le malheureux qu'il est me cause tout cecy;
Est-il dedans Madrid Fille plus malheureuse?

SCENE II.

DOM FERNAND, BEATRIS, ISABELLE.

DOM FERNAND.

Qu'avez-vous, Beatris, vous faites la pleureuse.

BEATRIS.

Vostre Fille me chasse, & si je n'ay rien fait
Que luy représenter qu'elle doit en effet
Agréer Dom Juan, parce qu'il le mérite,
Et que vous le voulez.

DOM FERNAND.

La cause est bien petite
Pour vous mettre dehors, & ma Fille a grand tort;
Mais pour vous r'ajuster je feray mon effort.
Faites-la moy venir. Souvent mon Isabelle,
Et cette Beatris ont ensemble querelle,
Tantost c'est pour un mot de travers répondu,
Pour un Miroir cassé, pour du Blanc répandu,
Souvent aussi ce n'est que pour une vetille,
C'est à dire pour rien; mais j'apperçoy ma Fille,
Ce n'est pas la saison de chasser des Valets

COMEDIE.

Quand il ne faut penser qu'à Dances & Balets;
Pour moy tout le premier je veux faire gambade,
Car j'espére aujourd'huy Dom Juan d'Alvarado.
ISABELLE.
Espérez, espérez cet agréable Epoux,
Moy j'espére la mort moins cruelle que vous.
DOM FERNAND.
Je suis donc bien cruel, puis qu'elle est moins cruelle, (belle.
Vrayment, nostre Isabeau, vous nous la baillez-
Ah! que si je croyois mon esprit irrité,
Vostre jeune museau se verroit souffleté;
Et si je faisois bien, qu'avec ces deux mains closes,
Je ternirois de Lis & fanerois de Roses!
Vous voulez volontiers quelque Godelureau,
Qui méthodiquement vous léche le morveau,
Un faiseur de Recueils, un debiteur de Rimes,
Un de ces Libertins qui causent aux Minimes,
Un plisseur de Canons, un de ces fainéans
Qui passent tout un jour à noüer des galans,
Ou se faire traîner, couchez dans un Carosse.
Si je luy faisois playe, ou du moins une bosse,
Ne ferois-je pas bien? qu'en dis-tu ma raison,
Puis-je oublier sa faute à moins d'estre un Oyson?
La Coquine s'en rit, & je veux qu'elle en pleure;
Et moy, j'en ris aussi, peu s'en faut, ou je meure.
Quand quelqu'un pleure ou rit, j'en use tout ainsi,
Et parce qu'elle rit, je m'en vay rire aussi,
Peste, que je suis sot! *Il rit voyant rire sa Fille.*
ISABELLE.
                    Je confesse, mon Pere.
Que vous avez raison de vous mettre en colere;
Mais confessez aussi, regardant ce Tableau,
Affreux au dernier point, bien loin de sembler beau,

Que ma douleur est juste alors qu'elle est extréme,
Et qu'il faut bien qu'il soit la brutalité mesme,
Le Brutal sur lequel ce Marmouset est fait.

DOM FERNAND.

Vous jugez donc d'un Homme en voyant son Portrait.
Souvent un vilain corps loge un noble courage,
Et c'est un grand menteur souvent que le visage,
Il est vray, celuy-cy doit se plaindre de l'art,
Et tout y représente un insigne Pendart.
Où diable ay-je pesché ce détestable Gendre?
Et comment Dom Fernand a-t-il pû se méprendre?
Je pensois bien avoir trouvé la pie au nid,
Mais pourtant, mais pourtant, beaucoup de gens m'ont dit
Qu'on estime à la Cour ce Juan d'Alvarade.
Or bien, promettez-moy sans faire de boutade,
Que vous le traitterez par tout civilement,
Et moy je vous promets foy d'Hôme qui ne ment,
S'il se trouve aussi sot que sa peinture est laide,
A tous ces embarras de donner bon remede.
Mais une Dame vient qui ne se veut montrer,
Je voudrois bien sçavoir qui l'aura fait entrer,
Sans venir demander si nous sommes visibles;
Les bourreaux de Valets sont tous incorrigibles.
Madame, sans vous voir, & sans vous demander
Le nom que vous avez, vous pouvez commander.

SCENE III.

LUCRESSE, DOM FERNAND.

LUCRESSE.

Je n'attendois pas moins d'une ame si civile,
Je viens, ô Dom Fernand, chez vous chercher azile; (heur?
Mais puis-je sans témoins vous conter mon mal-

DOM FERNAND.

Oüyda, retirez-vous.

LUCRESSE.

Fay si bien ma douleur,
Que l'on puisse trouver quelque excuse à mes fautes.
Non, je ne me plains point du repos que tu m'ostes,
Si je puis faire voir, par mes pleurs infinis,
Que mes yeux ont esté de mon crime punis.
Mes yeux, mes traîtres yeux qui receurent la flame
Qui noircit mon honneur, & me couvre de blâme,
Mes traîtres yeux de qui les criminels plaisirs
Me feront à la fin exhaler en soûpirs,
Pleurez donc, ô mes yeux, soûpirez ma poittrine.

DOM FERNAND.

Parbleu, cette Etrangere est de fort bonne mine.

LUCRESSE.

Et vous, mes foibles bras, embrassez ces genoux,
Vous ne me verrez point lever de devant vous,
Que je n'aye obtenu le secours que j'espére.

DOM FERNAND.

Ce ſtile eſt de Romant, & je vous en revére,
Ma ſotte d'Iſabeau n'a jamais leu Romant.
Quant eſt de moy, j'eſtime Amadis grandement;
Vous n'eſtes pas perſonne à qui rien on refuſe;
De refuſer auſſi perſonne ne m'accuſe.
Croyez donc aiſément, tout cela ſuppoſé,
Qu'il ne vous ſera rien de ma part refuſé.

LUCRESSE.

Il faut donc, ô Fernand, que je vous importune
Du récit de ma race, & de mon infortune.
Pour ma race bien-toſt vous en ſerez ſçavant,
Car mon Pere deffunt m'a dit aſſez ſouvent
Qu'il avoit avec vous fait amitié dans Rome,
Et qu'il vous connoiſſoit pour brave Gentil-
  homme.

DOM FERNAND.

Ces Vers ſont de Mairet, je les ſçay bien par
  cœur,
Ils ſont tres à propos, & d'un tres-bon Autheur,
Toûjours d'un bon Autheur la lecture profite,
Et ſçavoir bien des Vers, eſt choſe de mérite.

LUCRESSE.

Burgos eſt donc la Ville où je receus le jour,
Mais cette Ville auſſi vit naître mon amour,
Et je dois l'abhorrer, & pour l'un & pour l'autre.
Helas! fut-il jamais Deſtin pareil au noſtre!
Car ma Mere en travail quand je naſquis, mou-
  rut,
Mon Pere de regret, quand mon amour parut.
Cruel reſſouvenir de ma faute paſſée,
Quand donnerez-vous tréve à ma triſte penſée?
Diego d'Alvarade eſt le nom qu'il avoit,
Avec beaucoup de ſoin ſa bonté m'élevoit,

Je luy

Je luy fis espérer beaucoup de mon Enfance:
Mais helas! ce fut bien une fausse espérance,
Mes deux Freres n'estoient pas moins de luy chéris,
Car le Ciel les avoit traitez en Favoris,
Je vivois avec eux contente & fortunée.
Mais que l'Amour bien-tost changea ma destinée!
Un Etranger qui vint aux Festes de Burgos,
Fit voir en nos Tournois qu'il avoit peu d'égaux,
Nous nous vimes le soir dedans une Assemblée,
Je souffris son abord, & j'en fus cajolée,
Ou plûtost mon esprit fut par le sien charmé,
Il feignit de m'aymer, tout de bon je l'aymé,
Mais souffrez que mes pleurs vous apprennent le reste,
Car tout en est honteux, car tout en est funeste,
Puis que mon crime, helas! un Frere me ravit,
 Et que d'affliction mon Pere le suivit.
Moy, sans pleurer leur mort, sans rougir de ma flame,
L'amour avoit banny la raison de mon ame,
J'adorois en esprit mon infidéle Amant,
Que j'attendy deux ans à Burgos vainement.
A la fin je voy bien que je suis délaissée,
Je quitte mes Parens, & comme une insensée,
Maudissant mon amour, souhaittant le trépas,
Pour trouver ce méchant j'adresse icy mes pas.
Helas! il m'avoit dit qu'il me seroit fidéle,
Mais qu'on croit aisément alors qu'on se croit belle,
Et que pour s'assurer d'un cœur comme le sien
 La beauté bien souvent est un foible lien!
J'en suis, ô Dom Fernand, un exemple effroyable,
Car pour avoir crû trop un Tigre impitoyable,

C

Qui me prit par les yeux, & triompha de moy,
Se déguisant d'un nom aussi faux que sa foy,
Je me voy devant vous comme une forcenée,
Maudissant mille fois le jour sa destinée.
Helas! que contre moy le Ciel est irrité,
Puis que tout mon espoir n'est qu'un nom aposté,
Et qu'avec cét espoir justement je m'étonne,
Quand je voy que ce nom n'est connu de personne!
Cependant il est vray qu'il habite ces lieux,
L'ingrat, car l'autre jour il parut à mes yeux;
Mais je ne le pûs joindre, & je n'ay pû connoître
Par un nom qu'il n'a pas, la demeure d'un traitre
Que le Ciel à mes yeux ne devroit plus cacher,
Si les pleurs avoient pû jusqu'icy le toucher;
Mais je m'adresse à vous comme au dernier reméde,
Pour trouver cét ingrat, je demande vostre aide,
Je sçay bien, vû le rang qu'en ces lieux vous tenez,
Qu'il me fera raison si vous l'entreprenez;
Je n'allegueray point mon Pere & sa mémoire,
Je veux vous conjurer par vostre seule gloire,
Et sans vous obliger d'un langage flateur.

DOM FERNAND.

Pour faire court, je suis vostre humble serviteur;
Et l'ay toûjours esté de Monsieur vostre Pere,
Il me faisoit l'honneur de m'appeller son Frere;
Quand à vous, disposez de tout ce que je puis,
Ma Fille tâchera d'adoucir vos ennuis.

SCENE IV.

BEATRIS, DOM FERNAND.

BEATRIS.

Monsieur votre Neveu demande avec instance
De vous entretenir pour chose d'importance.
DOM FERNAND.
Madame, je reviens à vous dans un moment.
Beatris, menez-la dans mon Appartement,
Et qu'on fasse venir mon Neveu tout à l'heure.
Cette Dame est la Sœur de mõ Gendre, ou je meure,
Il me faut pressentir s'il voudra bien la voir,
Nous ne laisserons pas de tout nostre pouvoir
De chercher son Amant & la tirer de peine.
Et bien, cher Dõ Loüis, quelle affaire vous meine,
En quoy puis-je servir un si brave Neveu?

SCENE V.

DOM LOUIS, DOM FERNAND.

DOM LOUIS.

Monsieur, un mien Amy m'a mandé depuis peu
Que j'avois sur les bras une grande querelle,

Je sçay bien pour chercher un Conseiller fidéle,
Puis qu'il est question d'honneur & de combats,
Que m'adressant à vous, je ne me trompe pas.
DOM FERNAND.
Au moins ne pouvez-vous en employer un autre
Qui vous cherisse plus, & qui soit autant vostre;
Jusques au dégainer je vous le montreray.
DOM LOUIS.
Oüy, je vous le liray.
DOM FERNAND.
Lisez donc, aussi bien j'ay perdu mes Lunettes,
Et n'est pas trop aisé d'en recouvrer de nettes.
DOM LOUIS.

LETTRE.

Le jeune Frere de celuy
Que vous avez tué pour quelques Amourettes,
Part de ce Païs aujourd'huy
Pour aller en Cour où vous estes:
Io ne sçay pas pour quel sujet;
Mais je sçay bien que vous l'écrire,
Pour éviter pareil accident, ou bien pire,
Est à moy fort bien fait.

Dom Pedro Osorio.

DOM FERNAND.
Où fut-ce?
DOM LOUIS.
Dans Burgos.
DOM FERNAND.
Estoit-ce un Cavalier?
DOM LOUIS.
Oüy, de mes grands Amis.

Comedie.

DOM FERNAND.

En combat singulier?

DOM LOUIS.

Non, ce fut par mégarde, & durant la nuit noire.

DOM FERNAND.

Contez-moy le détail de toute cette Histoire.

DOM LOUIS.

Vous allez tout sçavoir.

DOM FERNAND.

S'entend en peu de mots?

DOM LOUIS.

Vous vous souvenez bien des Festes de Burgos;
Pour le premier Enfant qu'eut la grande Isabelle,
Des Royales vertus le plus parfait modéle,
Vn Amy qui faisoit trop d'estime de moy
M'invita de venir à ce fameux Tournoy,
Pour montrer avec luy nostre valeur commune.
Là, contre six Taureaux j'eus assez de fortune,
Dans les autres Combats j'eus un bon-heur égal,
Le soir, il me mena voir les Dames au Bal,
Vne Beauté m'y prit, & je la pris de mesme.
Dans ce commencemēt j'eus un bon-heur extréme;
Helas! ce grand bon-heur à la fin se trouva
Vn des plus grands malheurs qui jamais m'arriva.
Le lendemain j'obtins de l'aller voir chez elle:
Si je luy plaisois fort, je la trouvois fort belle;
Et certes je l'aimois aussi sincérement
Que peut jamais aimer un véritable Amant.
Pour faire court, un soir que nous estions ensemble,
J'entens rompre la Porte, & je la voy qui tremble,
Je me leve & je mets mon épée à la main,
Elle prend la Chandelle, & la souffle soudain.
La Porte s'ouvre, on entre, on m'attaque, on me blesse;

C iij

Sans voir, je pousse, pare, & plus d'heur que d'a-
dresse
J'en fais d'abord choir un blessé mortellement,
Puis dans l'obscurité je m'échape aisément.
Helas! le jour d'aprés quelle fut ma tristesse,
Quand le Mort se trouva Frere de ma Maistresse!
Et de plus, ô mal-heur, dur à mon souvenir,
Ce mesme intime Amy qui m'avoit fait venir,
Comment ne sceus-je point que cette pauvre
Amante
Depuis deux ou trois mois logeoit chez une Tante!
Comment ne sçûmes-nous devant ce triste jour,
Moy, qu'il eust une Sœur, ou luy, moy de l'amour!
Mais c'est vous ennuyer d'une plainte inutile,
Ayant toûjours celé mon nom en cette Ville,
J'en sortis aisément sans estre soupçonné.
C'est à vous qui voyez l'avis qu'on m'a donné,
Et qu'en cét embaras quasi tout m'est contraire,
De me dire en Amy tout ce que j'y dois faire.
Je sçay bien si je veux des conseils sur ce point,
Qu'aucun ne peut donner ce que vous n'avez point,
Que mon Hôme est icy, je n'en fay point de doute,
Qu'il tâche à me trouver, l'apparence y est toute,
Je ne puis le fuir sans grande lâcheté,
Je ne puis le tuer aussi sans cruauté,
Je ne puis l'inviter à se battre sans crime,
Et tout menace icy ma vie & mon estime.
Mais on frape à la Porte.

DOM FERNAND.
Et mesme rudement,
Et qui Diable ose ainsi heurter insolemment?

SCENE VI.

BEATRIS, DOM FERNAND,
DOM LOUIS, ISABELLE.

BEATRIS.

Mon Maistre, cent écus pour si bonne nou-
velle,
Et qu'on fasse venir ma Maistresse Isabelle;
Vostre Gendre est là bas, beau, poly, frais tondu,
Poudré, frizé, paré, riant comme un perdu,
Et couvert de Bijoux comme un Roy de la Chine.
DOM LOUIS.
Vous avez donc ainsi marié ma Cousine
Sans qu'on en ait rien sçû? Vous estiez bien pressé.
DOM FERNAND.
Oüy.
DOM LOUIS.
Helas! que ce mot m'a rudement blessé!
DOM FERNAND.
Beatris, vistement que ma Fille s'ajuste,
Va donc viste.
BEATRIS.
J'y cours.
DOM LOUIS.
Que le Ciel est injuste!
DOM FERNAND.
Ha vrayment mon esprit n'est pas mal partagé,
Mon Neveu l'agresseur, mon Gendre l'outragé;

C iiij

Jodelet, ou le Maistre Valet,

Comment donc garantir ma Maison de carnage?
Ha, ma Fille, approchez.

DOM LOUIS.
Que de bon cœur j'enrage!

DOM FERNAND.
Allons le recevoir.

ISABELLE.
Ou plûtost à la mort.

SCENE VII.

JODELET, DOM JUAN, ISABELLE, DOM FERNAND, DOM LOUIS.

JODELET *suivy de Dom Iuan.*

Cette Chambre est fort belle, & je m'y plairay fort.

ISABELLE.
O qu'il estoit bien peint!

DOM JUAN.
O qu'elle estoit bien peinte!

JODELET *s'entre-taillant.*
Ce maudit Eperon m'a blessé d'une atteinte.

DOM FERNAND.
Soyez le bien venu, Monseigneur Dom Juan.

DOM JUAN.
Répon.....

JODELET.
Le Beau-pere a de l'air d'un Chakuan,
Et vous, le bien trouvé.

Comedie.

ISABELLE.
L'agréable figure!

JODELET.
Quoy, toûjours ce Vieillard, ô le mauvais augure!
Je m'en veux délivrer, il me tient trop long-téps.

DOM FERNAND.
Mon Gendre n'est pas sage, il parle entre ses dents.

JODELET.
Vous servez donc toûjours d'Ecran à vostre Fille?

DOM JUAN.
Que dis-tu, malheureux?

DOM LOUIS.
La demande civile!

JODELET.
Maudit soit le fâcheux.

ISABELLE.
De qui donc parle-t-il?

JODELET.
Ne puis-je point de face, ou du moins de porfil,
Vous guigner un moment, ô charmante Isabelle?
De grace, D. Fernand, que l'on m'approche d'elle,
Ou du moins qu'on m'en montre ou jambe, ou bras,
    ou main.

DOM FERNAND.
Ma Fille avoit raison, mon Gendre est un vilain.

JODELET.
O Dieu! qu'en ce Païs on est chiche d'Epouse!
Ailleurs j'aurois déja des baisers plus de douze;
Parbleu je la verray, dussay-je estre indiscret.

DOM FERNAND.
O Dieu, qu'il m'a fait mal!

JODELET.
Je vous pousse à regrets;
Mais je suis Amoureux, équitable Beau-pere.

Je vous voy donc enfin, ô beauté que j'espére,
Vous me voyez aussi, mais pourray-je sçavoir
Si vous prenez grand goust en l'honneur de me
    voir?
DOM LOUIS.
C'est fort bien débuter.
DOM FERNAND.
              O l'impertinent Gendre!
JODELET.
Ils rient tous, ma foy; rient-ils de m'entendre?
Est-ce que j'ay tenu quelque propos de fat?
Jodelet, on n'est pas chez nous si delicat;
Si je ne suis assis, j'en lâcheray bien d'autres:
Là! Seigneur Dom Fernand, faites venir des vôtres,
Vous estes mal servy, mais j'y mettray la main.
DOM FERNAND.
Mon Gendre, encor un coup, n'est ma foy qu'un
    vilain.
Beatris, vistement que l'on apporte un siege.
JODELET.
Dites-moy, ma Maistresse, avez-vous bien du liege?
Si vous n'en avez point, vous estes sur ma foy
D'une fort belle taille, & digne d'estre à moy.
DOM LOUIS.
Le joly compliment!
ISABELLE.
              Ce Jouvenceau cause.
Dites-moy, mon Soleil, vous est-il quelque chose?
Ou si c'est un Plaisant?
ISABELLE.
              C'est mon Cousin germain.
DOM FERNAND.
Pour la troisiéme fois mon Gendre est un vilain.

Comedie.

DOM JUAN.
Ce beau Cousin germain tous mes soupçons ré-
veille.

JODELET.
N'avez-vous point sur vous quelque bon Cure-
oreille?
Je ne puis dire quoy me chatoüille dedans,
Hier je rompy le mien en m'écurant les dents.
Quoy, vous riez encore?

DOM LOUIS.
A propos, ma Cousine,
Vous ne contentez point Monsieur touchant sa
mine;
Il vous a dit tantost qu'il desiroit sçavoir
Si vous preniez grand goût en l'honneur de le voir.

ISABELLE.
Je n'ay jamais rien veu qui luy soit comparable,
Et je ne pense pas qu'il trouve son semblable
Et de corps & d'esprit.

JODELET.
Chacun en dit autant.
Mais les vingt mil écus est-ce en argent contant?
Eclaircissez-nous-en, & vuidons cette affaire.

DOM LOUIS.
Quoy, Seigneur Dom Juan, vous estes mercenaire?

JODELET.
Tous ceux qui le croiront seront de vrais badaus,
Et l'on n'en vit jamais dans les Alvarados.

DOM LOUIS.
Dans les Alvarados! n'aviez-vous pas un Frere?

JODELET.
Oüy, qu'un lâche Assassin occit, mais par derriere.

DOM JUAN.
Si Dom Juan sçavoit quel est cét Assassin,

Il iroit luy manger le cœur dedans le sein.
S'il faut qu'entre mes mains ce détestable tombe,
Le moindre de ses maux est celuy de la tombe;
Je le déchirerois, le traître, à belle dents,
Je l'irois affronter entre cent feux ardents:
Mais il tuë en Voleur, & se cache de mesme.

DOM LOUIS.
Vrayment de ce Valet l'impudence est extréme;
Quelqu'un m'a dit pourtant...

DOM JUAN.
      Et que vous a-t-on dit?

DOM LOUIS.
Que ce fut par malheur...

DOM JUAN.
      Ce quelqu'un-là mentit;
Ce fut en trahison.

DOM LOUIS.
      Vous voyez son audace.

ISABELLE.
Qu'avecque sa fureur il conserve de grace!

DOM LOUIS.
Vous vous émancipez.

JODELET.
      Il n'a pas le cœur bas.

DOM LOUIS.
Je vous trouveray bien.

DOM JUAN.
      Je ne vous fuiray pas.

DOM LOUIS.
Si ce n'estoit le lieu, je vous ferois bien taire.

JODELET.
Mon Valet est vaillant, & quasi téméraire.

DOM LOUIS.
Quoy, mon Oncle un Valet?

Comedie.

DOM FERNAND.

Hé! mon Dieu, qu'est-ce-cy?
[L]e beau commencement de nopces!

JODELET.

Mon soucy,
[L]aissons-les quereller, & disons des sornettes;
[O]u bien si vous vouliez prendre vos Castagnettes,
[L]e plaisir seroit grand.

DOM FERNAND.

Oüy, c'en est la saison,
[V]ous n'avez pas encor visité la Maison,
Prenez, Monsieur, ma Fille, ouvrez la Galerie
[V]istement, Beatris. Mon Neveu je vous prie....
Allons, mes chers Amis, allons, qu'attendons-nous?

JODELET.

Je suis sans compliment.

DOM FERNAND.

C'est fort bien fait à vous.

SCENE VIII.

DOM JUAN seul.

Enfin dans mes soupçons je voy quelque lu-
 miere,
Je n'ay plus qu'à trouver l'Assassin de mon Frere,
Je n'ay plus qu'à trouver mon imprudente Sœur,
Je n'ay plus qu'à trouver son lâche Ravisseur,
Avec ce beau Cousin je n'ay plus qu'à me prendre,
C'est l'Homme du Balcon, l'on vient de me l'ap-
 prendre;

Jodelet, ou le Maistre Valet,
J'ay sçû de son Valet tirer les vers du nez,
Je sçauray bien encor, Amans bien fortunez,
Si vous faites de moy les moindres railleries,
Tandis que mon esprit s'abandonne aux furies,
Mesler dans vos plaisirs quelque chose d'amer,
Et mesme vous haïr au lieu de vous aimer;
Si je puis découvrir, trop aimable Isabelle,
Que vous ne soyez pas aussi sage que belle.

Fin du Second Acte.

ACTE III.

SCENE PREMIERE.

DOM LOUIS, ESTIENNE.

DOM LOUIS.

Ne m'importune plus, le sort en est jetté;

ESTIENNE.

Vrayment ce Dom Juan est par vous bien traité.
Vous avez abusé sa Sœur, tué son Frere,
Vous prétendez encore en sa Femme?

DOM LOUIS.

J'espére
En ma persévérance, en Béatris, en toy,
En mon Oncle Fernand, en Isabelle, en moy,
J'espére en Dom Juan, en sa mine importune,
Et plus que tout cela j'espére en la Fortune.
Bon, voicy Béatris.

SCENE II.

BEATRIS, ESTIENNE, D. LOUIS.

BEATRIS.

Ha! Monsieur, est-ce vous?
ESTIENNE.
Non, c'est le grand Mogor.
BEATRIS.
Tout beau, Roy des Filous,
Je parle à vostre Maistre.
DOM LOUIS.
Et bien, que fait le Gendre?
BEATRIS.
Vous parlez d'un sujet où l'on peut bien s'étendre,
Ce beau jeune Seigneur, tantost qu'on a disné,
A mangé comme un diable, & s'est déboutonné,
Puis dans un Cabinet qui joint la vieille Salle
S'est couché de son long sur une Natte sale;
Vn peu de temps aprés il s'est mis à ronfler,
Je n'ay jamais oüy Cheval mieux renifler.
Toute la Vitre en tremble, & les Vers s'en cassent;
Mais si je vous disois les choses qui se passent...
DOM LOUIS.
Ma pauvre Béatris.
BEATRIS.
Mom pauvre Dom Loüis,

DOM LOUIS.
C'est de toy que je tiens le bien dont je jouïs.
BEATRIS.
J'en dis autant de vous, mais ce n'est qu'en pro-
 messe.
N'importe, ce n'est pas le gain qui m'intéresse.
DOM LOUIS.
Ha, non, je veux mourir, demande à ce Valet
Si je n'ay pas laissé mon or sous mon chevet;
Mais je reçoy demain quatre ou cinq cens Pistoles.
BEATRIS.
Bien, bien, écoutez donc la chose en trois paroles,
J'ay hâte: Dom Fernand vostre Oncle est en-
 ragé,
Et voudroit de bon cœur se voir bien dégagé;
Vostre chere Isabelle également enrage,
Jusques-là qu'elle en a souffleté son visage.
Le temps est, ou jamais, de joüer vostre jeu,
Il faut battre le fer tandis qu'il est au feu,
Et si vous ne sçavez bien pescher en eau trouble,
Je ne donnerois pas de vostre affaire un double;
Tâchez donc de la voir & de l'entretenir,
Promettez comme quand on ne veut pas tenir,
Employez hardiment vostre meilleure Prose,
N'oubliez pas le Lys, n'oubliez pas la Rose,
Dites-luy bien qu'elle est l'objet de tous vos
 vœux,
Pleurez & soûpirez, arrachez des cheveux,
Puis sûr vos grands Chevaux, monté comme un
 S. George,
Dites que pour bien moins on se coupe la gorge,
Que Dom Juan n'a pas encore ce qu'il prétend,
Qu'en tout cas vous sçavez fort bien comme on se
 pend.

Si l'Insolent vous nuit, reprenez le modeste,
Invoquez-moy la mort, ou pour le moins la peste,
Ne vous étonnez point, si elle fera beau bruit;
Mais vous sçavez qu'on perd le combat quand on fuit;
Or si vous en tirez la moindre lachrymule,
Je vous donne gagné, foy de Béatricule;
Vous riez, Dom Loüis, de ce diminutif,
Dame nous en usons, & du superlatif.
Vn certain jeune Autheur qui tâche de me plaire,
Quand je vay visiter mon Cousin le Libraire,
M'apprend tous ces grands mots ; mais adieu, je m'enfuis,
J'ay causé trop long-temps, maudite que je suis,
Car voicy ma Maistresse, & son Pere avec elle,
Cachez-vous en ce coin; & vous Jean de Nivelle
Sauvez-vous vistement.

ESTIENNE.

Adieu donc faux Teston.

BEATRIS.

Je te hâteray bien, si je prens un bâton.

SCENE III.

DOM FERNAND, ISABELLE.

DOM FERNAND.

PLûtost mourir cent fois que faulser ma parole.

ISABELLE.

Mais mon Pere.

DOM FERNAND.
Mais quoy, vous estes une folle,
Tout ce que vous pouvez seulement espérer,
Est que je pourray bien vos Nopces différer.
Mais a-t-on veu jamais affaire plus meslée?
Ma foy, j'en ay quasi la cervelle fellée,
Mon Gendre est offensé, je le dois estre aussi.
Si c'est par mon Neveu, que dois-je faire icy?
Dois-je abandonner l'un, pour me joindre avec
   l'autre?
Ventre de moy; par tout il y va bien du nostre,
L'un me tient par le sang, & l'autre par l'honneur,
Et j'ay besoin icy d'un extrême bon-heur.

ISABELLE.
Quoy, ce fut Dom Loüis qui luy tua son Frere?

DOM FERNAND.
La Sœur de Dom Juan m'implore contre luy,
Luy puis-je honnestement refuser mon apuy?
Aujourd'huy mon Neveu m'est venu tout de même
Dire qu'il a besoin de ma prudence extrême
Contre un Homme qu'il a doublement offensé,
Et cét Homme est mon Gendre; & moy, pauvre
   insensé,
Tantost à mon Neveu, tantost à ce beau Gendre,
Je ne sçay quel party je dois laisser ou prendre;
Oüy ma foy, j'en suis fou, si jamais je le fus.
Adieu, je vay tâter mon Gendre-là dessus.

SCENE IV.

ISABELLE seule.

Et moy je vay pleurer ma triste destinée.
O Ciel! à quel brutal m'avez-vous condamnée!
N'estoit-ce pas assez de cette aversion,
Sans me troubler encor d'une autre passion?
O! y Ciel! c'estoit assez pour estre malheureuse,
Mais vous voulez encor que je sois amoureuse.
Ha! c'est trop me haïr que de me faire aymer
Vn que je n'oserois à moy-mesme nommer.
Toy, qui n'es pas pour moy, faut-il que je t'a-
    dore?
Et toy pour qui je suis, faut-il que je t'abhorre?
Et qu'un troisiéme mal à ces deux maux soit
    joint,   (point?
De Dom Loüis qui m'ayme, & que je n'ayme
O! y, bien loin de t'aymer, je te hay, misérable.
Mais si ton mal est grand, le mien est effroyable,
Laisse, laisse-moy donc, importun Dom Loüis,
Regarde au prix de moy de quel heur tu joüis,
Tu n'es que trop vangé de la pauvre Isabelle,
Toy qui peux sans rougir te dire amoureux d'elle,
Toy qui peux sans rougir luy découvrir ton feu,
Et tu te plains encore, comme si c'estoit peu.
Va, va, console-toy, ma fortune est bien pire,
Car j'ayme, malheureuse, & je n'ose le dire;
Et de plus, je te hay, j'ay ce mal plus que toy,
Et de plus, Dom Juan sera maistre de moy,

Ainsi je hay, je crain, & je suis amoureuse.
Avec ces passions puis-je estre bien-heureuse?
Helas, de tous ces maux qui me déliviera?

SCENE V.

DOM LOUIS, ISABELLE.

DOM LOUIS.

MOy, charmante Isabelle, & quand il vous plaira,
Oüy de ce Dom Juan vous serez dégagée,
Puis qu'envers Dom Loüis vostre humeur est
 changée,
Puis que de Dom Joüis autrefois méprisé,
Le violent amour se voit favorisé.   (épée
Commandez donc, Madame, & bien-tost cette
Dans le sang odieux de Dom Juan trempée,
Vous fera confesser devant la fin du jour,
Que rien n'estoit égal à vous que mon amour.

ISABELLE.

O Dieu! me proposer des crimes de la sorte!
Sors d'icy malheureux, sors devant que je sorte,
D'une indigne pitié que presque malgré moy
Mesme nom, mesme sang, me font avoir pour toy.
Et comment m'ayme-tu, si tu me crois capable
D'écouter seulement un dessein si coupable?
Ah! ne te flatte point dedans ta passion,
Tu ne seras jamais que mon aversion:
Va, va-t-en à Burgos faire des persidies,
Va, va-t-en à Burgos joüer tes Tragedies;

Vas-y tromper la Sœur, & tuer le Germain,
Et me laisse en repos, exécrable inhumain;
Assez grands sont les maux de la pauvre Isabelle,
Sans tâcher de la rendre encore criminelle.

DOM LOUIS.

Ha, si jamais.....

ISABELLE.

Tay-toy, le plus noir des esprits,
Où bien je rempliray la Maison de mes cris.

SCENE VI.

BEATRIS, DOM LOUIS, ISABELLE.

BEATRIS.

HA mon Dieu parlez bas, Dom Fernand & le Gendre
Sont dessus l'Escalier, ils vous pourroient entédre.
Je ne voy pas comment avec facilité
Dom Loüis sortira; car de l'autre costé
Son suffisant Valet avec sa bonne mine
Dans la Chambre prochaine a je croy pris racine.

ISABELLE.

Et que ferons-nous donc?

DOM LOUIS.

Si j'osois....

ISABELLE.

Laisse-moy

DOM LOUIS.

Si ce Valet fâcheux:....

Comédie.

ISABELLE.
Il l'est bien moins que toy, Beatris.

BEATRIS.
Par ma foy je tremble en chaque membre,
si vous vouliez pourtant le mettre en vostre Chambre….

ISABELLE.
Où tu voudras, pourvû qu'il soit loin de mes yeux.

BEATRIS.
Mettez-vous donc un peu dessus le sérieux,
Et m'appellez bien haut effrontée, impudente.

ISABELLE.
J'enten bien, cét avis n'est pas d'une imprudente,
Car j'ay haussé la voix d'une étrange façon.
Vrayment vous me donnez une belle Leçon,
Estes-vous une folle, ou ne suis-je pas sage,
Que vous m'osez tenir un si hardy langage?
Dom Juan n'est pas beau, Dom Juan vous déplaist,
Laissez-là Dom Juan, je l'ayme comme il est.
Ha vrayment Beatris la sotte, si mon Pere
Apprend ce bel avis….

SCENE VII.

DOM FERNAND, JODELET ISABELLE, D. JUAN.

DOM FERNAND.

Vous estes en colere.
ISABELLE.
C'est pour certain Bijou qu'on m'a pris ou perdu.
JODELET.
Non, non, à d'autres, non, j'ay le tout entendu.
Vous ne m'aymez donc pas, Madame la traistresse?
Et vous me desservez auprés de ma Maistresse?
Ha, Louve! ha, Porque! ha, Chienne! ha, Braque!
    ha, Loup-garou!
Puisse-tu te briser bras, main, pied, chef, cul, cou,
Que toujours quelque Chien contre ta jupe pisse,
Qu'avec ses trois gosiers Cerbérus t'engloutisse,
Le grád Chien Cerbérus, Cerbérus le grand Chien,
Plus beau que toy cent fois, & plus hôme de bien.
DOM FERNAND.
Retirez-vous d'icy, sotte, mal avisée.
JODELET.
Ne vous en servez plus, ce n'est qu'une rusée,
Je la garanty telle.
DOM FERNAND.
               O Dieu! je meurs de peur,
Que ce maistre brutal n'aille trouver sa Sœur,

Comedie.

Il faut le mettre aux mains avecque sa Maîtresse.
Je vous quitte un moment pour affaire qui presse;
Ma Fille cependant demeure auprés de vous.

JODELET.
Bien, bien, allez-vous-en. En dépit des Jalous
Ne pourray-je sçavoir, ô Beauté succulente,
Que j'ayme autant qu'un Oncle, & bien plus qu'une Tante,
Comment dans vostre cœur Dom Juan est logé?
Je n'ay pû le sçavoir, & j'en suis enragé.

ISABELLE.
Pour vous dire la chose avec toute franchise,
Aujourd'huy seulement je suis d'amour éprise;
Je n'avois dans l'esprit que de l'aversion,
Le dédain seulement estoit ma passion:
Mais helas, croyez-moy, depuis vostre venuë
La flâme de l'amour m'est seulement connuë;
Et bien que mon amour à nul autre second
Doive se réjoüir quand le vostre y répond,
Au contraire, je suis dans une peine extréme,
De voir que vous m'aymez, & qu'il faille que j'ayme,
Car vostre humeur du mien ne peut estre le prix;
Encore que par vous mon cœur se trouve pris,
Bien qu'à vous, & chez vous, est tout ce que j'adore,
Sçachez pourtant qu'en vous est tout ce que j'abhorre.

JODELET.
Ma foy j'entens bien peu ce discours rafiné,
Je connoy seulement qu'il est passionné.
Où diable prenez-vous tant de Philosophie?

ISABELLE.
Il faut bien envers vous que je me justifie,

E

Vous doutez de ma flâme. Oüy, j'ayme encor un coup,
Ce que j'ayme est à vous, & je l'ayme beaucoup;
Alors qu'en vous voyant j'apperçoy tout ensemble
L'objet de mon amour, & je brûle, & je tremble,
Je brûle de desir, & je tremble de peur,
Vous causez à la fois, ma joye & ma douleur.
Fut-il jamais un mal plus étrange & plus rare?
Lors que je le dis moins, quasi je le declare,
Et si je le disois, au lieu de m'alléger,
Au lieu de me guérir, je serois en danger;
Et quand sans découvrir ou bien cacher ma flâme
Je tâche à déguiser ce que je sens dans l'ame,
En ce déguisement je trouve un sort égal,
C'est à dire par tout je n'ay rien que du mal.

JODELET.

J'enten encore moins ce discours-cy que l'autre,
Je connoy seulement que l'amour la rend nostre,
Que la Pauvrette brûle à nostre intention,
Car elle me lorgnoit avec attention,
Depuis que je vous vis, bel Ange tutelaire.
Parbleu pour achever je ne sçay comment faire;
Approchez, mon Valet, faites pour moy l'amour,
Puis àpres je viendray la reprendre à mon tour.

DOM JUAN.

Mais, Monsieur.

JODELET.

Mais Faquin, vous voudriez peut-estre
Me donner des conseils, suis-je pas vostre Maistre?
Et qui sçait mieux que vous le bien que je luy veux,
Et qui pourra donc mieux luy faire sçavoir, Gueux.

DOM JUAN.

Madame, j'obéy, puis qu'on me le commande.

Comedie.
JODELET.
Qu'il a peur de faillir avec sa Houpelande!
C'a, radoucissez-vous sans faire le Railleur,
Faites bien les doux yeux, & donnez du meilleur;
Je m'en vay cependant faire auprès de la Porte
Quelques réflexions sur chose qui m'importe.
BEATRIS.
Comment pourray-je donc tirer hors de son trou
Ce maudit Dom Loüis? male-peste du fou.
JODELET.
Mais n'est-ce point aussi, Madame, son Etoille
Qui la pousse sur nous, comme on dit, à plein
    Voile?
La Fortune, ma foy, s'iroit rire de moy,
Si m'offrant tel bon-heur je ne vous l'empaumoy.
Mon Maistre, que sçait-on, peut en estre bien aise;
Mais s'il arrive aussi que cela luy déplaise,
Prenons l'occasion au péril d'un affront,
Par le fin beau toupet qu'elle a dessus le front;
Par derriere elle est chauve, & ressemble une Go-
    gue.
Mais qui l'eut jamais dit, qu'un visage de Dogue
Pûst donner de l'amour? il faut en profiter,
Et quand nous serons seuls je prétens la tenter.
Resvons un peu dessus cette présente affaire.
Mon Valet, vous a-t-on mis là pour ne rien faire?
Vous parlez à l'oreille; ha, vrayment maistre sot;
Ou vous parlerez haut, ou vous ne direz mot.
DOM JUAN.
J'ay crû que parlant haut, je pourrois vous dis-
    traire.
JODELET.
Non, non, parlez tout haut, si vous voulez me
    plaire.

DOM JUAN.

Je m'en vay donc vous dire icy ma passion;
Mais tout ce que je fais n'est rien que fixion,
Ie ne suis pas icy ce que je devrois estre,
Et ce n'est pas ainsi que j'y devrois paroître.
Lors que je m'imagine, objet charmant & doux,
Le bien qu'aura celuy qui sera vostre Epoux,
Mon ame, je l'avouë, est de fureur saisie,
En un mot je me sens épris de jalousie;
C'est assez vous montrer que j'aime avec excez.
Mais qui m'assurera d'avoir un bon succez?

JODELET.

Ostez-vous vistement, je tiens une pensée
Qui vaut son pesant d'or. Si mon ame insensée,
Tout ainsi que la Mer a son flux & reflux,
Pouvoit s'émanciper. Ha! je ne la tien plus,
Elle m'est échapée, adorable Isabelle,
Le plaisir que je prens en vous voyant si belle
M'a séché la mémoire, & tronblé les esprits,
Ou bien plûtost c'est toy, maudite Beatris,
Qui me porte guignon; allons viste, qu'on gille;
Vous aussi, mon Valet, qui faites tant l'habile,
Qu'on me laisse icy seul.

ISABELLE.

Quoy, seul, qu'en diroit-on!

JODELET.

Et qui peut en parler, si je le trouve bon?

ISABELLE.

Au moins que Beatris....

JODELET.

Ie n'en veux point démordre,
Vous ne pouvez faillir, puis que c'est par mon or-
Puis, je n'ay point encor visité le Balcon,   (dre;
Allons-y prendre l'air, on dit qu'il y fait bon.

Comedie.

ISABELLE.
Oüy, principalement lors que quelque vent soufle.
DOM JUAN.
Quel diable de dessein peut avoir ce Maroufle;
Je le veux observer.
JODELET.
Allons donc, mon soucy.
ISABELLE.
Vous me dispenserez, je ne bouge d'icy.
JODELET.
Oüy, vous ne bougerez. Ah! c'est trop de mystere.
Sçavez-vous que je suis un Homme tres-colere?
Çà donc, viste, qu'on vienne.
ISABELLE.
O Dieu! quel insolent!
Quoy me tirer ainsi d'un effort violent,
Et je puis vivre encor? ô fortune cruelle!
Faut-il que ce Brutal trouve que je suis belle,
Et que pour éviter le péril que je cours,
Le trépas soit le seul qui m'offre son secours?
JODELET.
Ha! ma Reyne, de grace....
ISABELLE.
O le dernier des Hommes!
Sçache, si ce n'estoit les termes où nous sommes,
Que je t'arracherois & le cœur & les yeux,
Et qu'avec ces deux mains....
JODELET.
Mais plûtost faites mieux,
Souffrez que je les baise.
ISABELLE.
Ha! je suis enragée;
Quoy! je n'estois donc pas déja trop outragée?
Laissons-là ce Brutal.

B iij

DOM JUAN *le surprend.*
Ha, ha! maistre vilain,
Vous vous ingérez donc de luy baiser la main?
JODELET.
Moy! c'est qu'elle a baisé la mienne.
DOM JUAN.
Ame de bouë,
Tu railles donc, pendart, & tu croy que je jouë?
Infame, sac à vin, insolent, effronté,
Tu te repentiras de ta témerité.
JODELET.
Ha mon Maistre!
DOM JUAN.
Ha Coquin!
JODELET.
Ha la teste, ha l'épaule,
Ha de grace, Seigneur!
DOM JUAN.
Si j'avois une Gaule
Je te ferois crier d'une étrange façon;
Mon Dieu! c'est elle-mesme.
JODELET *se jette sur son Maistre.*
Et comment, beau Garçon,
Oses-tu devant moy médire d'Isabelle?
Tu ne la trouve donc que passablement belle?
Maistre grimpe-potence, & par haut & par bas,
Et de pieds & de mains.
ISABELLE.
Hé, ne le frapez pas.
DOM JUAN.
Ha Bourreau!
JODELET.
Tu sçauras comme les bras se cassent

Comedie.

ISABELLE.
Que vous a-t-il donc fait?

JODELET.
Ce sont chaleurs qui passent.
Le voyez-vous bien là ce vray Gripe-manteau,
Il ne mérite pas qu'on luy donne de l'eau.
Tu ne la trouve donc que passablement belle?
Et d'esprit elle n'est aussi que telle-quelle?

ISABELLE.
Il me hait donc, l'Ingrat, ha! c'est pour en mourir.

DOM JUAN.
Je ne puis differer, je vay me découvrir;
Enfin, je ne suis plus...

JODELET.
Loin, loin d'icy profane,
N'atten plus rien de moy, si ce n'est coups de Câne.
Puis-je pas le chassant retenir son Habit?

ISABELLE.
Non, non, si j'ay chez vous tant soit peu de credit,
Qu'il ne soit point chassé, ce n'est pourtant qu'un traître.

DOM JUAN.
Jamais Coquin peut-il plus offenser son Maistre?
Et qui l'eut jamais crû de ce chien de Valet?

JODELET.
Je vous quitte un moment, mon Ange.

ISABELLE.
Jodelet.

DOM JUAN.
Madame.

ISABELLE.
Je rougis, & ne sçay que luy dire.
Je vous nommois tantost l'autheur de mon martyre,

E iiij

Jodelet, ou le Maistre Valet,

Et j'avois de l'amour pour vous, n'en croyez rien,
Ce n'est qu'à Dom Iuan que je voulois du bien;
Vous estiez Dom Iuan alors, mais à cette heure
Vous estes Jodelet.

DOM LOUIS.

Ha, Madame, je meure,
S'il me peut arriver jamais un bien plus doux,
Que de voir D. Iuan quelque jour vostre Epoux.

ISABELLE.

Il ne m'ayma jamais, j'en suis trop asseurée.

DOM JUAN.

Iamais chose de moy ne fut plus desirée,
I'y mets toute ma gloire, & mon ambition.

ISABELLE.

Vous estes donc content, car c'est ma passion.

DOM JUAN.

Oüy, je serois content, trop aimable Isabelle,
Si j'estois asseuré que vous fussiez fidelle,
Mais helas! jusqu'icy, tant mon malheur est grand,
Tout semble vous convaincre, & rien ne vous défend.

SCENE VIII.

BEATRIS, ISABELLE.

BEATRIS.

IL s'en est donc allé, le Mignon de couchette,
Ie pourray maintenant tirer de sa cachette
Le Seigneur Dom Loüis.

Comedie.

SABELLE.
L'as-tu bien veu sortir?
BEATRIS.
Il n'en faut point douter.
ISABELLE.
Va le faire partir,
Et me vien retrouver au Iardin.
BEATRIS.
Malheureuse,
Ne voy-je pas sortir cette Dame pleureuse.
A qui diable en veut donc ce fantôme hideux?
Peste soit de la Dame, & du sot Amoureux.

SCENE IX.

LUCRESSE, DOM LOUIS.

LUCRESSE.

CE procedé nouveau me surprend & m'étonne,
C'est mal me proteger alors qu'on m'abandonne.
Ie reviens, m'a-t-il dit, à vous dans un moment,
Et comme si c'estoit trop de ce compliment,
Et de m'avoir donné sa Chambre pour azile,
Il est peut-estre allé se divertir en Ville.
Ie viens tout maintenant d'oüir des Gens parler,
Crier fort haut, se battre, & se bien quereller:
Tout cecy me paroist de fort mauvais augure,
Mais je leur veux montrer une autre procedure,
Ie prendray congé d'eux avant que de sortir,
Ie ne puis faire moins que les en avertir.

Je pense que voila la Chambre d'Isabelle,
Elle est ouverte, entrons, & prenons congé d'elle.
Mais j'y voy, ce me semble, un Homme, ô Dieu!
Je ne puis l'éviter. (c'est luy,
DOM LOUIS.
Je pense qu'aujourd'huy
Beatris a dessein de faire icy mon giste;
Mais, ô chere Isabelle, où courez-vous si viste?
Je ne suis pas icy pour vous persecuter;
Quoy! vous ne voulez pas seulement m'écouter,
Et cependant pour vous nuit & jour je soûpire.
Helas, je n'ay qu'un mot seulement à vous dire.
Vous m'avez envoyé tantost faire à Burgos
Des crimes assez noirs pour n'avoir point d'égaux,
Vous m'avez reproché ma flâme criminelle,
Comme si je trouvois quelque autre Fille bell'
Apres vous avoir veuë, ou celle que j'y vy,
Dont pour passer le temps je me feignis ravy,
Ne posseda jamais que des appas vulgaires,
Qu'elle estimoit charmans, & qui ne l'estoient
    guéres.
Pour vous le témoigner, mon nom je luy feigny,
Et ce fut par pitié que je me contraigny,
A passer quelques nuits devisant avec elle;
Je n'en ay depuis eu ny demandé nouvelle,
D'en sçavoir ce n'est pas aujourd'huy mon soucy.
LUCRESSE *ouvrant son voile.*
Ha, je t'en veux apprendre, Infame, la voicy,
Celle qui n'eut jamais que des appas vulgaires,
Celle qui t'aymoit tant & que tu n'aymois guéres,
Qui te hait maintenant, & qui te haïra,
Qui morte ou vive, aimée ou méprisée, ira
Te reprocher par tout, Amant impitoyable,
Que ne t'ayant rien fait que n'estre pas aimable.

Tu la devois laisser pour ce qu'elle valoit,
Sans feindre de l'aimer; ouy traistre, il le falloit,
Et ne l'appeller pas, & ton ame & ta Reyne.
Helas! j'aurois un Frere, & je serois sans peine,
Au lieu que je me voy par cette trahison
Sans honneur, sans appuy, sans Frere, & sans Maison.
Tu pense m'échaper, homicide, parjure.
Au secours, à la force.

DOM LOUIS.

Ha, Madame, je jure
Que vous serez contente.

LUCRESSE.

Ame & double & sans foy....

SCENE X.

D. JUAN, LUCRESSE, D. LOUIS.

DOM JUAN.

Quel desordre est cecy?

LUCRESSE.

Dieu, qu'est-ce que je voy?

DOM JUAN.

N'est-ce pas là ma Sœur?

LUCRESSE.

N'est-ce pas là mon Frere?

DOM JUAN.

Et l'un & l'autre objet me mettent en colere,

DOM LOUIS.
A qui donc en veut-il?
DOM JUAN.
Ie suis tout asseuré
Du crime de ma Sœur; je n'ay pas averé qu'elle
Tout à fait mes soupçons, commençons donc par
Malheureuse.
LUCRESSE.
Ha! Seigneur.
DOM LOUIS.
I'entreprens sa querelle,
Encore qu'elle cherche à se vanger de moy:
Mais quel droit prétens-tu sur elle?
DOM JUAN.
Ie le doy.
DOM LOUIS.
Toy, n'es-tu pas Valet?
DOM JUAN.
Dom Iuan est mon Maistre,
Son honneur est le mien.
LUCRESSE.
Il se celle peut-estre
Avec quelque dessein.
DOM LOUIS.
Quoy, me voir quereller
Deux fois par un Valet?
DOM JUAN. *Lucresse veut sortir.*
Ha! non pour s'en aller,
C'est ce que je ne veux & ne dois pas permettre:
Mais en cette Maison qui vous a donc pû mettre,
Et pourquoy tant de cris?
LUCRESSE.
Vous allez tout sçavoir.
I'entrois dans cette Chambre, & c'estoit pour y voir

Comédie.

Isabelle; j'ay veu cét Homme, ce me semble,
Qui m'a paru surpris; las, encore j'en tremble,
A quelle intention il s'y vouloit cacher,
Ie ne sçay; le voyant sortir, pour l'empêcher,
I'ay crié, mais je croy que sans vostre venuë...

DOM JUAN.

C'est assez, c'est assez, mon offense est connuë,
Ie veux fermer la Porte.

LUCRESSE.
Helas, je meurs de peur.

DOM JUAN.
Il faut, ô Dom Loüis, faire voir sa valeur.

DOM LOUIS.
Tu mourras de ma main.

DOM JUAN.
Ie vous tien.

LUCRESSE.
Ie suis morte.

DOM LOUIS.
On frape, on vient à nous.

DOM JUAN.
Achevons, il n'importe.

Jodelet, ou le Maistre Valet,

SCENE XI.

DOM FERNAND, LUCRESSE, DOM JUAN, DOM LOUIS, ISABELLE.

DOM FERNAND *dehors.*

Il la faut enfoncer.
####### LUCRESSE.
Je feray bien d'ouvrir.
DOM JUAN *parlant bas à sa Sœur.*
N'ouvrez pas, si par toy l'on peut me découvrir.
LUCRESSE.
Ha, Seigneur Dom Fernand, appellez tous les
   voſtres.
DOM FERNAND.
Arreſtez; par la mort, le premier de vous autres
Qui ne rengaignera, je feray contre luy:
O Dieu, que d'embarras m'accablent aujourd'huy!
Qui vous a mis icy, mon Neveu? vous, Lucreſſe,
Qui vous a découverte? & vous, quel mal vous
   preſſe,
Qui n'avez fait encore icy que quereller?
DOM LOUIS.
Vous allez tout ſçavoir.
DOM JUAN.
Non, laiſſez-moy parler,
Je le ſçay mieux que luy; mais il faut que je ſçache
Si ce n'eſt pas ceans que Lucreſſe ſe cache,

Comedie.

…Dom Loüis n'est pas Parent de la Maison.

DOM FERNAND.
…ÿ, l'un & l'autre est vray.

DOM JUAN.
N'est-ce pas la raison
…'un Valet dans l'honneur d'un Maistre s'inte-
   resse   (blesse.
…ors que dans son honneur on l'attaque, on le

DOM FERNAND.
…n ne le peut nier.

DOM JUAN.
Ecoutez si j'ay tort.
…e suis icy couru que l'on crioit bien fort;
…ucresse avoit trouvé, sans doute à l'insçeu d'elle,
… Loüis dans la Chambre où se couche Isabelle;
…e l'ay veuë éplorée, aux prises avec luy,
…l faut qu'il ait esté caché tout aujourd'huy,
…ar je n'ay pas levé l'œil de dessus la Ruë,
…t l'on n'a pû sortir sans passer à ma veuë.

DOM LOUIS.
…a! c'est pour un Valet trop de rafinement.

DOM JUAN.
…e ne suis pas au bout, il faut assurément,
…son Maistre estant Epoux de Madame Isabelle,
…u'il se trouve offensé pour Lucresse ou pour elle.
…l pourroit bien encor l'estre pour toutes deux,
…e ne puis donc manquer en un cas si douteux,
…uis qu'en toutes les deux il peut aller du nostre,
…D'achever, Dom Loüis, ou pour l'un ou pour
   l'autre.

DOM LOUIS.
D'achever? tu n'as pas encore commencé.

DOM FERNAND.
Arrestez, Dom Loüis, estes-vous insensé?

Jodelet, ha! voicy la plus étrange affaire
Dont on ait oüy parler.
DOM JUAN.
Vous n'y pouvez rien faire,
Il faut que je le tuë.
DOM FERNAND.
Ha, mon cher Jodelet,
Remettez voſtre Epée.
ISABELLE.
Il faut que ce Valet
Soit jaloux pour ſon Maiſtre, & la choſe eſt nou-
velle.
DOM JUAN.
On ne ſçauroit jamais vuider noſtre querelle;
Mais pour l'amour de vous j'oſe bien hazarder
Un moyen qui pourra les choſes retarder;
C'eſt que vous me faſſiez chacun une promeſſe.
Vous, Seigneur D. Fernand, de remettre Lucreſſe
Au pouvoir de ſon Frere alors qu'il le voudra.
Vous, Seigneur Dom Loüis, alors que l'on pourra,
De vous couper la gorge avec Dom Juan meſme.
DOM LOUIS.
Quant à moy je ne puis ſans une peine extréme
Prendre ou donner parole à des Gens comme toy.
DOM JUAN.
Sçachez que Dom Juan n'eſt pas autre que moy,
Si ce n'eſt que bien-toſt D. Juan vous aſſomme;
Vous ſçavez ſi je ſuis, ou puis eſtre voſtre Homme.
DOM FERNAND.
Oüy, nous vous promettons ce que vous deſirez,
Mon Neveu.
DOM LOUIS.
Je feray tout ce que vous voudrez,
Je donne ma parole.

Comedie.
DOM JUAN.
            Et je donne la mienne
Que je n'avance rien que Dom Juan ne tienne.
DOM LOUIS.
Je n'ay donc qu'à chercher vostre Maître demain;
DOM JUAN.
Vrayment vous n'aurez pas à faire grand chemin.
DOM FERNAND.
Je m'en vay le chercher.
DOM JUAN.
            Vous y pourray-je suivre?
DOM FERNAND.
Oüy, venez.
DOM JUAN.
J'ay bien peur que nous le trouvions yvre.

Fin du Troisiéme Acte.

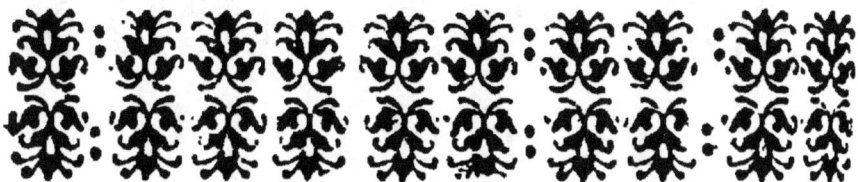

ACTE IV.
SCENE PREMIERE.
LUCRESSE, ISABELLE.

LUCRESSE.
VOstre civilité m'est icy bien cruelle;
Laissez-moy, laissez-moy sortir, belle
Isabelle.
ISABELLE.
Et quoy, vous pensiez donc ainsi nous échaper?
Le bon Homme n'est pas si facile à tromper,
Il s'en est bien douté; mais tantost il espere
De vous raccommoder avecque vostre Frere,
C'est une affaire aisée, ou je me trompe fort.
LUCRESSE.
Mon Frere ne se peut fléchir que par sa mort;
Délivrez-vous plûtost de cette Infortunée,
Ses pleurs s'accordent mal avec vostre hymenée;
Car vous diray-je enfin la chose comme elle est?
D. Juan n'est rien moins que ce qu'il vous paroît
ISABELLE.
Ha! le voicy venir, cachez-vous je vous prie,
Vous n'avez qu'à passer dans cette Galerie,
Pour gagner le Jardin où je vous vay trouver;
Cependant je me cache icy pour l'observer.

SCENE II.

JODELET *seul, & en se curant les dents.*

SOyez nettes, mes dents, l'honneur vous le commande,
Perdre les dents est tout le mal que j'appréhende,
L'Ail ma foy vaut mieux qu'un Oignon,
Quand je trouve quelque Mignon,
Si-tost qu'il sent l'Ail que je mange,
Il fait une grimace étrange,
Et dit, la main sur le roignon,
Fy, cela n'est point honorable.
Que beny soyez-vous, Seigneur,
Qui m'avez fait un misérable,
Qui préfére l'Ail à l'honneur.
 Soyez nettes, mes dents, &c.
Que ce fut bien fait au Destin
De ne faire en moy qu'un Faquin,
Qui jamais de rien ne s'offense;
Ma foy, j'ay raison quand je pense
Que plus grand est l'heur du Gredin,
Ny que du Prélat en l'Eglise,
Ny que du Prince en un Etat,
D'estre peu beaucoup je me prise,
Il n'est rien tel qu'estre pied-plat.
 Soyez nettes, mes dents, &c.
Quand je me mets à discourir
Que le corps enfin doit pourrir,

Le corps humain, où la Prudence,
Et l'honneur font leur résidence,
Je m'afflige jusqu'au mourir.
Quoy, cinq doigts mis sur une face,
Doivent-ils estre un affront tel,
Qu'il faille pour cela qu'on fasse
Appeller un Homme en duel?
  Soyez nettes, mes dents, &c.
Un Barbier y met bien la main,
Qui bien souvent n'est qu'un vilain,
Et dans son métier un grand aze:
Alors que tel Barbier vous raze,
Il vous gâte un visage humain;
Pourquoy ne t'en veux-tu pas battre,
Toy qu'un soufflet choque si fort,
Que tu t'en fais tenir à quatre?
Un Souffleté vaut bien un Mort?
  Soyez nettes, mes dents, &c.
Pour moy j'estime moins qu'un Chien
Celuy qui n'aime icy bas rien,
Que botte en tierce, ou bien en quarte,
Ou Cheval qui de la main parte,
Ou Pistolet qui tire bien.
Faut-il qu'en duels on abonde
Pour quelque injure que ce soit,
Si coups de bâton sont au monde,
Qui font mal quand on les reçoit?
  Soyez nettes, mes dents, &c.
Messieurs les Lyons rugissans,
Qui tous allez éclaircissans
Au gré de vostre jaune bile,
Sçachez qu'aux Champs comme à la Ville
Un soufflet vaut mieux que cinq cens,
Puis que soufflets les deshonorent,

Ou les Hommes sont insensez,
Ou Messieurs les Vivans ignorent
Quels sont Messieurs les Trépassez.   (mande,
Soyez nettes, mes dents, l'honneur vous le com-
Perdre les dents est tout le mal que j'apprehende.

SCENE III.

BEATRIS, JODELET.

BEATRIS.

HA! Seigneur Dom Juan, l'on vous a bien
   cherché.
JODELET.
L'on me devoit trouver, je n'estois pas caché.
Et qui sont ces Chercheurs?
BEATRIS.
                    L'un est vostre Beau-pere,
Et l'autre Dom Loüis, Fils de son défunt Frere;
Vostre Valet en est aussi.
JODELET.
                    J'estois allé
Chez un Amy, manger d'un pied de Bœuf sallé,
Où j'ay trouvé d'un Ail qui sent bien mieuy que
   l'Ambre;
Quelle Clef tenez-vous?
BEATRIS.
                    Celle de vostre Chambre;
Dom Fernand vous destine un autre Apartement,
Où vous serez bien mieux, & plus commodement;

JODELET.

Pourquoy ce changement?
BEATRIS.
Il craint la médiſ
Et vous ne pouvez pas avec bienſéance
Coucher prés de ſa Fille.
JODELET.
Ho! cher Beatris,
Sçay-tu bien que pour toy je ſuis d'amour épris
De tout temps je me trouve enclin aux Beatriſſe
Pour toy je couve un feu plus chaud que des épi
BEATRIS.
Moy, j'aime de tout temps les Seigneurs D. Ju
Et je ſentis mon mal quand vous vinſtes céans.
JODELET.
Follette, Dieu me ſauve ...
BEATRIS.
Ha, prenez-la donc vî
JODELET.
Mais vien donc me mener juſqu'à ce nouveau g
BEATRIS.
Tarare, ſuivez-moy, j'y vay tout de ce pas.
JODELET.
Larronneſſe des cœurs, tu n'échaperas pas:
Las, faut-il donc pour vous que noſtre poitrine
    arde,
Si vous n'eſtes pour nous qu'une Nymphe fuyar

SCENE IV.

ISABELLE, BEATRIS.

ISABELLE.
Quoy, Seigneur Dom Juan, vous courez Beatris?
JODELET.
Ie voulois tant soit peu m'ébaudir les esprits.
ISABELLE.
Ie ne vous croyois pas de si peu de courage.
JODELET.
Ce sont jeux de Garçon qui passent avec l'âge.
ISABELLE.
Vous donnerez de vous mauvaise opinion,
Et je dois bien douter de vostre affection.
JODELET.
Allez-vous-en fillet, nostre Epouse future,
Plus grand Dame que vous est Madame Nature;
Ie suis son serviteur, & le fus de tout temps,
Et nargue pour tous ceux qui n'en sont pas côteus.
ISABELLE.
Ie vay donc vous laisser de peur de vous déplaire.
JODELET.
Objet charmant & beau, vous ne sçauriez mieux faire;
Ma foy je me suis pris de mauvaise façon,
Car je sçais que son cœur ne fut jamais glaçon.
Aristote a raison, qui dit qu'une Maraude
Ne se doit point prier, mais il faut à la chaude

La griper aux cheveux, la saisir au collet,
Quelquefois l'affoiblir avec un beau soufflet:
Si soufflet ne suffit, user de la gourmade;
Si la gourmade est peu, lors de la bâtonnade;
Tout Homme de bon sens doit, ce dit-il, user
Pour la mettre en état de ne rien refuser:
Mais autre Censeur vient, de mes Censeurs le pi.

SCENE V.

DOM FERNAND, JODELET.

DOM FERNAND.

JE vous cherche par tout, Dom Juan.
JODELET.
Que desire
L'équitable Fernand de son humble Valet?
DOM FERNAND.
N'avez-vous rien appris de vostre Jodelet?
JODELET.
Non, mais devant la nuit je le verray possible.
DOM FERNAND.
C'est pour vous proposer chose assez mal plausible
JODELET.
Quelle est donc cette chose?
DOM FERNAND.
Il faut absolument,
(Pensez bien, qu'à regret.)
JODELET.
Que faut-il? vistement

DOM FERNAND.
Aller à la campagne.
JODELET.
Est-ce tout ? que m'importe ?
DOM FERNAND.
Oüy, mais c'est pour vous battre.
JODELET.
Ha, non en cette sorte,
Il m'importe beaucoup ; mais si sans resister
Je veux vous obeir, à quoy bon m'irriter ?
DOM FERNAND.
Parce qu'on vous a fait une offense mortelle.
JODELET.
Dom Fernand, vous montrez icy peu de cervelle,
Il faut que vous soyez certes un Maistre fou.
DOM FERNAND.
Courage, Dom Juan ; mais puis-je sçavoir d'où
Vous pouvez inferer que je ne sois pas sage ?
JODELET.
De venir sottement m'avertir d'un outrage
Que je ne sçavois point, & ne voulois sçavoir.
DOM FERNAND.
Apprenez en cela que j'ay fait mon devoir,
Et que si vous voulez-vous acquiter du vostre,
Il faut, sans vous servir de la valeur d'un autre,
Aujourd'huy, s'il se peut, voir l'épée à la main
Celuy qu'on sçait avoir tué vostre Germain ;
Il le tüa la nuit, soit hazard, soit vaillance,
Vous devez vistement en faire la vangeance.
JODELET.
Fut-ce la nuit ?
DOM FERNAND.
La nuit.

G

JODELET.

Se batte qui voudra
Puis que sans voir il tuë alors qu'il me verra.
Que pourrois-je durer contre un tel Matamore,
Et de plus, voulez-vous que je vous die encore
L'avantage qu'auroit ce dangereux Garçon?
C'est que cet enragé sçait déja la façon
Dont il faut dépescher ceux de nostre lignage.

DOM FERNAND.

Pensez-vous, Don Juan, avoir bien du courage?

JODELET.

Ouy-da, j'en ay beaucoup, & n'en ay que du bon.
Dites-moy seulement où le trouvera-t-on?
Est-il bien loin d'icy? se fera-t-il attendre?
Sçavez-vous son Logis? le pourra-t-on apprendre?
Et son nom quel est-il?

DOM FERNAND.

Dom Loüis de Rochas.

JODELET.

Quoy, c'est vostre Neveu? je ne me bats donc pas,
Puis qu'il a vostre nom qui m'est si venerable;
Cette qualité m'est assez considerable
Pour me mettre à ses pieds où je le trouveray;
Et si vous le voulez, mesme je l'aimeray.

DOM FERNAND.

Ce n'est pas tout encore, une seconde offence
Vous devroit contre luy porter à la vangeance,
Vostre Sœur a sujet de se plaindre bien fort.

JODELET.

Veux qu'en offençant ma Sœur il ait eu tort,
Mais je suis de fermet, & n'en déplaise aux Dames,
De ne prendre jamais querelle pour des Femmes.

DOM FERNAND.

Vous estes un Poltron, ou je me trompe bien.

Comédie.

JODELET.
Au Beau-pere cela ne doit toucher en rien.
DOM FERNAND.
Aprenez neantmoins que tout cecy me touche.
JODELET.
Beau-pere trop hargneux, Beau-pere trop farouche,
Beau-pere assassinant, & Beau-pere éternel,
Qui me vient proposer un acte criminel,
Que vous a déja fait un miserable Gendre,
Que vous tâchez déja de voir son sang répandre?
Monseigneur Belzebut, qui vous puisse emporter,
Vous auroit-il chargé de me venir tenter,
Si le danger n'estoit que d'un simple homicide?
Mais vous voulez sur moy voir faire un gendricide;
Et le faire devant la consommation,
Est certes, Dom Fernand, tres-cruelle action.
DOM FERNAND.
Vostre Valet tantost a donné sa parole
De se battre pour vous.
JODELET.
Qu'il la tienne, le drole,
Je ne suis point jaloux de le voir plein de cœur.
DOM FERNAND.
Vous ne vous batez point pour Frere ny pour Sœur?
JODELET.
Il faut être en humeur de se battre, & je meure,
Si j'y fus jamais moins que j'y suis à cette heure.
DOM FERNAND.
Je vous croyois vaillant, je me suis bien trompé.
JODELET.
Quand d'un glaive tranchant je seray decoupé,
Qu'en sera mieux ma Sœur? qu'en sera mieux mon
    Frere? (pere.
Laisse-moy donc en paix, Homme singe, ou Beau-

G ij

DOM FERNAND.
Vous n'avez qu'à chercher autre Femme à Madrid,
JODELET.
Que vous eussiez aymé pour vôtre Gendre un Cid,
Qui vous eust assommé, puis épousé Chimene?
DOM FERNAND.
N'attendez plus de moy que mépris & que haine,
O le plus grand Poltron qui jamais ait esté !
JODELET.
Je suis, ô Dom Fernand, de vostre cruauté.
Malgré vos noires dents, Serviteur tres-fidelle,
Et je le suis aussi de Madame Isabelle.
DOM FERNAND.
Je ne suis point le vostre, & hors de ma Maison
Je vous forcerois bien à me faire raison.

SCENE VI.

D. IVAN, D. FERNAND, IODELET.

DOM JUAN.
(colere!)
Qu'avez-vous, Dom Fernand, qui vous met en
DOM FERNAND.
Ce Gendre mal choisy.
JODELET.
Parlez mieux, mon Beau-pere.
DOM FERNAND.
Eloignons-nous de luy. Ce Gendre donc maudit
Vous desavouë en tout, & m'a nettement dit,

Qu'il n'estoit point d'avis de vanger son offence,
Et qu'il ne fut jamais enclin à la vangeance;
Mesme il m'a quasi dit, qu'il a perdu le cœur;
Faites-luy revenir, sauvez luy son honneur;
Trop fidelle Valet d'un trop timide Maistre,
Montrez-luy vivement quel Homme il devoit être,
Qu'estant de Dom Loüis doublement outragé,
C'est l'avoir bien servy que l'avoir engagé;
Quoy que son Ennemy soit Homme redoutable,
Que cette offence aussi n'est guere suportable:
Montrez-vous bon Amy, montrez-vous bon Valet,
Inspirez-luy de cœur, valeureux Jodelet:
Je sçay bien qu'en cecy j'ay quelque part à prendre,
Mais touchant mon devoir on ne peut rien m'ap-
Si j'estois offencé côme luy doublement, (prendre.
On verroit Dom Fernand agir tout autrement;
Enfin n'oubliez rien afin qu'il s'évertuë,
Son Ennemy l'attend au bout de cette Ruë,
Qui s'imaginera qu'on le redoute fort.
Je m'en vay le trouver.
DOM JUAN.
Mais de quel autre tort
Mon Maistre Dom Juan doit-il tirer vangeance?
DOM FERNAND.
Il vous apprendra tout, le voicy qui s'avance.
DOM JUAN.
Or ça, mon Jodolet, dy-moy sans rien changer,
Quels outrages nouveaux avons-nous à vanger?

SCENE VII.

JODELET, DOM JUAN.

IODELET.

S'En est-il allé donc ?

DOM JUAN.
Ouy.
JODELET.
Tant mieux, que je meure
S'il ne m'a quasi fait enrager tout à l'heure.
Seigneur, il n'est plus temps de se plus déguiser,
Le faire plus long-temps ce seroit niaiser;
Dom Loüis en feroit une Piece pour rire.
Mais l'avez-vous pour moy deffié?
DOM JUAN.
Sans luy dire
Que j'estois Dom Juan, oüy, je l'ay deffié,
Et ma foy je m'estois toûjours bien deffié
Que ce jeune Galand cajoloit Isabelle;
Enfin je l'ay trouvé tantost caché chez elle;
Et sans un accident que je te dois celer,
Nous nous fussions battus au lieu de quereller,
Et je n'ay seulement l'affaire differée,
Qu'attendant que je voye un peu mieux averée
Une chose qui n'est encore en mon esprit

Comedie.

Qu'un sujet de soupçon, de rage & de dépit :
Car enfin ce peut estre un coup de temeraire,
Un tour de Beatris, que l'argent a fait faire;
Puis j'ay quelques raisons pour croire asseurément
Qu'Isabelle en cecy ne trompe nullement

JODELET.

Monsieur, ce n'est pas tout que vostre jalousie,
Autre chose vous doit broüiller la fantaisie,
Dom Loüis en l'honneur vous offense bien fort;
De vous expliquer mieux la chose j'aurois tort,
Elle ne peut quasi s'entendre ny se dire,
L'un & l'autre l'augmente, & la rend toûjours pire.

DOM JUAN.

Ah! ne me la dy point, je la devine assez;
Mais que tous mes malheurs & presens & passez
Se bandent contre moy, j'ay pour moy bon courage.
Et qui le sçait encore ?

JODELET.

Tout le monde.

DOM JUAN.

Ha! j'enrage,
Ha, maintenant fureur je m'abandonne à vous,
Et Dom Fernand est-il pour nous, ou contre nous?

JODELET.

D. Loüis est son sang, mais pour l'hôneur du vôtre
Il fait ce qu'on ne fit jamais pour pas un autre,
Il veut que Dom Loüis vous en fasse raison,
Et Dom Loüis m'attend prés de cette Maison,
Qui me croit Dom Juan.

DOM JUAN.

Il faut que je le tuë;
Mais on est bien souvent separé dans la Ruë,
Les Combats de pavé sont moins guerre que paix,

C'est à quoy je ne puis me resoudre jamais,
J'hazarde ma vangeance allant à la campagne,
On n'y fait quasi plus de Combat en Espagne,
Qu'on ne conte la chose autrement qu'elle n'est,
Et ce lieu de Combat moins que l'autre me plaist;
i dans quelque Maison, quoy que contre la mode.

JODELET.

Attendez, je vous trouve une place commode.
Je tiens icy la clef d'un bas Appartement,
Où nous devons coucher ; là tres-commodement
Vous vous pourrez vanger presqu'aux yeux d'Isa-
   belle,
Sans qu'il en soit rien sçeu que de son Pere ou d'elle.

DOM JUAN.

Ha ! mon cher Jodelet, que tu l'as bien choisy !
Va viste le trouver.

JODELET.

      Mais plûtost allez-y,
Il est temps, ou jamais, qu'on sçache qui vous estes.
Comment pretendez-vous faire ce que vous faites,
Et passer pour Valet ? Allez, allez, Seigneur,
Vous découvrir, vous battre, & vanger vôtre hon-
   neur.

DOM JUAN.

Quoy ! si par un effet de pure jalousie,
Par un simple soupçon né dans ma fantaisie,
J'ay déguisé mon nom, veux-tu pour un affront,
De qui le moindre mal est de rougir mon front,
Que je m'aille montrer ? ah, plûtost je te prie,
Si tu n'ayme mieux voir Dom Juan en furie,
Souffre encore mon nom qui ne t'offense en rien :
Une offense est bien pire, & je la souffre bien.

JODELET.

Vous me l'ordonnez donc ?

DOM JUAN.
Mesme je t'en conjure.
JODELET.
Il vous faut obeïr : mais si par avanture,
Comme les Hommes sont souvent impatiens,
Il vouloit dégainer devant qu'estre ceans,
Que fera Jodelet qui n'ayme point la guerre,
Et qui se plaist bien fort au sejour de la terre?
DOM JUAN.
Fay-luy signe de loin, il ne manquera pas
De te venir trouver : & toy d'un mesme pas
Tu me l'ameneras en cette Chambre basse.
JODELET.
Autre difficulté mon esprit embarasse.
S'il est court de visiere?
DOM JUAN.
Ha! c'est trop discourir,
Ne me replique plus, & me le vas querir.
JODELET.
Ce dur commandement terriblement me choque;
Mais Seigneur, gardez-vous sur tout de l'équivoque,
Discernez Jodelet d'avec Dom Loüis,
On a souvent les yeux de colere ébloüis;
Et si sans y penser devant Dom Loüis j'entre,
Et que sans y penser vous me perciez le ventre,
Me disant, Jodelet, ma foy j'en suis marry,
Je seray tout à l'heure & conten & guery.

Fin du Quatriéme Acte.

ACTE V.

SCENE PREMIERE.

BEATRIS *entre par une petite porte une Chandelle à la main.*

Pleurez, pleurez mes yeux, l'honneur vous le
 commande;
S'il vous reste des pleurs, donnez-m'en, j'en
 demande.
Je viens d'allumer ma Chandelle,
La nuit noire comme du geais
Vient d'arriver pompeuse & belle
Plus que je ne la vy jamais;
De ses Demoiselles suivantes
Les Etoilles étincelantes
Elle traine un brillant troupeau.
Que ses Servantes sont heureuses,
Si d'un Valet qui se croit beau
Elles ne sont point amoureuses!
  Pleurez, pleurez, &c.
Etoilles luisantes & nettes,
Si vous en aymiez comme moy,
Toutes celestes que vous estes
Vous enrageriez sur ma foy;

Comedie.

antoft ce Grenadin, ce More,
omme, du feu qui me devore
 luy contois la cruauté,
'a dit que je ne valoit gueres,
 qu'il estoit bien fort tenté
 me donner les étrivieres.
  Pleurez, pleurez, &c.
'écus une assez bonne somme
 vant luy je faisois sonner,
 luy faisois assez voir comme
 loy qui prens, je luy veux donner :
Aussi-tost cette ame rebourse
M'a donné de ma mesme bourse
Un si grand coup dessus le cou,
Que je m'en sens tout échinée :
O que pour aymer un tel fou
Il faut que je sois forcenée !
  Pleurez, pleurez, &c.
S'il plaisoit à la destinée
Qu'il fut l'importun à son tour,
Et Beatris l'importunée,
Alors à beau jeu beau retour,
Encore aurois-je quelque joye;
Mais helas! jusques dans le foye
Il me brûle, le faux Larron,
Et s'en rit, l'impitoyable Homme,
Aussi fort qu'autre fois Neron
Rioit alors qu'il brûloit Rome.
  Pleurez, pleurez, &c.
Et cependant mon mal me presse;
Mais quelqu'un vient par l'Escalier,
C'est Isabelle ma Maistresse,
Reprenons nostre Chandelier :
Que si quelqu'un de l'assistance

Trouve qu'à moy n'appartient Stance,
Qu'il sçache que l'Auteur discret
Qui sçait fort bien que le Colloque
Est dangereux pour le secret,
M'a regalé d'un Soliloque.
    Pleurez, pleurez mes yeux, &c.

SCENE II.

ISABELLE, BEATRIS, LUCRESSE.

ISABELLE.

MAdame Beatris, que faites vous icy?
BEATRIS.
Je prepare une Chambre à vostre Amant transy.
Et vous, d'où venez-vous, & Madame Lucresse?
ISABELLE.
Je viens de me donner en proye à la tristesse.
LUCRESSE.
Madame, je vous dis pour la seconde fois,
Quand on auroit remis la chose à vostre chois,
Vous ne pouviez choisir en toute la Castille
Un plus digne Mary d'une excellente Fille:
Alors que Dom Juan vous sera mieux connu,
Vous me confesserez que je vous ay tenu
Un discours veritable.
ISABELLE.
              Et moy je vous assure

Comedie.

Lors que si richement vous faites sa peinture,
 u'il faut que de nous deux quelqu'une resve bien;
Vous, de le croire tel; moy, de n'en croire rien.
 elas! à vous, sa Sœur, l'oserois-je bien dire?
Il semble qu'il ne songe à rien qu'à faire rire,
 oûjours dans l'action d'un Homme extravagant,
 oit par accoûtumance, ou soit par accident,
 arlant toûjours du nez, & de plus il affecte
La façon de parler toûjours la moins correcte,
 oûjours quelque mot goinfre est dans tous ses discours :
 t je pourrois passer heureusement mes jours
 vec un tel Espoux? ah, Fille malheureuse!
 ncore si je pouvois estre Religieuse :
 ais helas ! je me sens pour la Religion,
 t pour ce brave Epoux, pareille aversion.

BEATRIS.

 inissez, finissez vostre quérimonie,
 t gagnons l'Escalier, & sans ceremonie;
 uelqu'un ouvre la Porte, & l'on vous surprendra.
 uant à moy je m'enfuis, me suive qui voudra.

SCENE III.

. JUAN, JODELET, D. LOUIS.

DOM JUAN *ouvre la porte & en oste la clef.*

 Aissons la Porte ouverte, & gagnons cét Al-
 cove,
 e les entens venir.

JODELET.

　　　　　　Mon Maiſtre, Dieu me ſauv
Ne fut jamais qu'un traiſtre, il s'en eſt en allé :
Helas! j'en ay le ſang quaſi tout congelé,
Et qui l'euſt jamais crû. Peſte, il ferme la porte,
Que deviendray-je donc ?

DOM LOUIS.

　　　　　　　　Nous pouvons de la ſor
Nous battre tout le ſaoul, ſi le cœur vous en dit.

JODELET.

Vous me pardonnerez, je n'ay point d'appétit.

DOM LOUIS.

Que differez-vous donc à vanger voſtre outrage ?
Je crains voſtre raiſon moins que voſtre courage
Vous ne me dites mot; hé bien qu'attendons-nou
Ha! vrayement ſi j'eſtois offencé comme vous,
Je vous montrerois bien une autre impatience.

JODELET.

Mon Maiſtre aſſurément n'a point de conſcience

DOM LOUIS.

Que Diable cherchez-vous?
　　　　　　　　　Je cherche ma valeu

DOM LOUIS.

Aprés avoir tantoſt montré tant de chaleur,
Vous eſtes maintenant, ce me ſemble, un peu tied
Mais pour vous réchauffer je tiens un bon remed

JODELET.

Ha, bon Dieu! quelle longue Epée à giboyer,
Et qui peut ſeulement la voir ſans s'effrayer!

DOM LOUIS.

Dom Juan eſt Poltron, ou fait ſemblant de l'eſtr

JODELET.

Le Seigneur ſoit loüé, je viens de voir mon Maiſtr

Comedie. 87

Je n'ay plus maintenant qu'à faire le fougueux,
Ma colere est tantost au point où je la veux :
Si-tost qu'elle y sera vous verrez faire rage:
Ha! Seigneur, sortez donc, manquez-vous de courage?

DOM JUAN.
Va donc pour l'amuser te battre en reculant.
JODELET pousse une estocade sans estre en mesure.
Dieu veuille estre avec nous.

DOM LOUIS.
L'effort est violent,
Vous vous battez fort bien.

JODELET.
Assez bien : ha, que n'ay-je
Contre les coups d'estoc quelque bon sortilege :
Attendez, ah, mon Maistre, ha, c'est trop me presser.
Mon Epée est faussée, il la faut redresser.
N'avez-vous pas tué mon Frere sans lumiere?

DOM LOUIS.
Oüy.

JODELET.
Pour vous témoigner que je ne vous crains guere,
Je ne veux point avoir d'avantage sur vous,
Je veux sans voir, vous battre, & vous roüer de
  coups.   (nebres,
Meurs donc, chandelle, meurs, & nous laisse en te-
Et vous, allez finir vos passe-temps funebres.
Pour moy qui suis exact en ce que je promets,
Je veux estre pendu si l'on m'y prend jamais.

DOM LOUIS.
C'est dans l'obscurité que la lumiere est belle,
Vous ne vous battiez pas si bien à la chandelle,
Et vous m'avez blessé, mais je m'en vangeray.

SCENE IV.

DOM FERNAND, DOM LOUIS
JODELET, DOM JUAN.

DOM FERNAND.

Beatris.

DOM JUAN.
Sors, sors viste, ou je t'éttrangleray

DOM FERNAND.
Q'est-ce-cy, mes Amis?

JODELET.
Je vange mon offenc

DOM LOUIS.
On m'a tiré du sang, j'en veux tirer vangeance.

DOM FERNAND.
Est-ce d'une Estocade, ou d'un Estramaçon

JODELET.
L'un & l'autre, ma foy, n'est pas de ma façon.

DOM FERNAND.
Montrez-moy, vous avez la main un peu coupée.

JODELET.
La sale vision que de voir un Epée!

DOM FERNAND.
Allons, mes chers Amis, battez-vous hardiment.
Je ne parois icy pour la paix nullement.
L'un de qui l'honneur souffre est pour estre mo
Gendre;

Comedie.

Et l'autre est mon Parent qui voit son sang répãdre;
Battez-vous donc, Amis, & bien fort, vous serez
Bien plûtost animez par moy, que separez.

DOM LOUIS.

Vostre conseil est trop d'un Homme de courage,
Pour n'estre pas suivy.

JODELET.

    De tout mon cœur j'enrage,
a, le méchant Vieillard, qui conseille un duel!

DOM LOUIS.

la colere me rend insolent & cruel;
'ay trompé vostre Sœur, j'ay tué vostre Frere,
e le ferois encore si je l'avois à faire;
l ne me reste plus qu'à vous tuer aussy.

DOM JUAN *sortant de l'Alcove.*

ous ne connoissez pas Dom Jean, le voicy,
ous trompastes ma Sœur, vous tuastes mon Frere,
ais bien-tost vostre mort s'en va me satisfaire;
'est au vray Dom Juan qu'appartient seulement
 vanger son honneur offensé doublement.

DOM LOUIS.

uel est donc de vous deux Dom Juan?

DOM JUAN.

    C'est moy-mesme.

DOM LOUIS.

t luy?

JODELET.

Je ne le suis qu'en cas de stratagême.

DOM JUAN.

uy je suis Dom Juan qui vous vient de blesser;
e l'ay fait sans voir, vous pouvez bien penser
u'à moy vanger ma honte est chose fort aisée.
aintenant que je voy celuy qui l'a causée,
is que mon esprit a seulement douté,

H.

J'ay voulu m'éclaircir, & n'ay rien attenté;
Sous le nom d'un Valet j'ay souffert mon offense,
Tandis qu'un seul soupçon m'en demandoit vangeance.
Vous qui me l'avez faite, & l'osez declarer,
Vous me croyez peut-estre un Homme à l'endurer?
Je n'ay pour le sçavoir de science certaine
Oublié jusqu'icy ny finesse ny peine:
Enfin mon deshonneur ne m'est que trop connu,
Vous sçavez, Dom Loüis, à quoy je suis tenu;
Pour mon sang répandu, j'ay répandu du vostre,
Mais deux autres sujets m'en demandent bien d'autres.
Je ne puis vivre heureux sans vous faire mourir,
Pour cela seulement j'ay dû me découvrir.
Je suis donc Dom Juan, que personne n'en doute.

DOM LOUIS.

Croyez-vous à ce nom que plus on vous redoute?

DOM JUAN.

Et croyez-vous aussi me donner le trépas?
Vous ne tuez qu'alors que l'on ne vous voit pas:
Mais puis que je vous voy, qui vous pourra, barbare,
Garantir de la mort que ma main vous prepare?
Quand je vous aurois tous icy pour ennemis.
Je veux qu'on tienne icy tout ce qu'on a promis,
L'on m'a promis ma Sœur, il faut qu'on l'effectuë
Je luy dois vostre mort, il faut que je vous tuë.
Voyez si Dom Juan tient bien ce qu'il promet,
Soit qu'il paroisse en Maistre ou se cache en Valet
Dom Fernand tenez donc la parole donnée,
Commandez que ma Sœur me soit viste amenée;
Et vous, le plus mortel de tous mes ennemis,
Battez-vous contre moy, vous me l'avez promis.

Comedie.

DOM FERNAND.
Ha, Seigneur Dom Juan, un peu de patience?
DOM JUAN.
Pour en avoir eu trop j'ay manqué ma vangeance.
DOM FERNAND.
Pourquoy vous estes-vous déguisé parmy nous?
DOM JUAN.
J'estois jaloux.
DOM FERNAND.
De qui?
DOM JUAN.
De luy.
DOM LOUIS.
De moy?
DOM JUAN.
De vous,
Je vous ay veu sortir du Balcon d'Isabelle.
DOM LOUIS.
Vous m'en vistes sortir?
DOM JUAN.
Vous-mesme, & puis chez elle
Je vous ay veu caché, mais ces jaloux soupçons
Ne rallentiront point mon feu de leurs glaçons,
Au contraire il s'accrut avec violence ;
Lors je me déguisay, je garday le silence,
Et ne fut pas long-temps sans rencontrer en vous
Un Rival dont j'avois sujet d'estre jaloux:
Vous n'excitiez alors que ma simple colere,
Et n'eusse jamais crû que la mort de mon Frere
Dût se trouver encore un coup de vostre main,
Je vous croyois coquet, & non-pas inhumain;
Enfin j'ay sçeu depuis qu'une mortelle offense
Me devoit contre vous porter à la vangeance;
J'ay crû que vous estiez coupable envers ma Sœur,

H ij

J'ay crû que vous estiez son lâche Ravisseur.
Lors par ressentiment plus que par jalousie,
La fureur contre vous m'avoit l'ame saisie :
J'ay bien-tost préferé, pour vous priver du jour,
Les soins de mon honneur à ceux de mon amour.
Quand on souffre en l'honneur, l'amour ne touche
   guere.
Maintenant que je voy que de mon pauvre Frere,
Que vous avez tué la nuit trop lâchement,
Vous m'osez reprocher la mort insolemment,
Que pour vous contre moy le Ciel avec la Terre,
Et tout le Genre humain, me déclare la guerre;
Malgré le Ciel, la Terre, & tout le Genre humain,
Il faut que vous mouriez aujourd'huy par ma main.

DOM LOUIS.

Ceux qui me connoîtront sçauront bien que la
   crainte
N'est pas ce qui me fait approuver vostre plainte.
Quand vous me reprochez que vôtre Frere est mort,
La raison est pour vous, & moy j'ay toûjours tort;
Mais je devois plûtost estre par cette offense
Un objet de pitié, qu'un objet de vangeance :
Helas, je le tuay, mais comment, & pourquoy?
Et quand je le sçeus mort, qui pleura plus que moy?
Il m'attaqua la nuit, & moy sans le connoistre
Je crû, l'ayant tué, n'avoir tué qu'un traistre :
Malheureux que je suis, j'avois tué sans voir,
Le plus intime Amy que je croyois avoir;
Oüy je l'aymois autant qu'on peut aymer un autre,
Puis qu'il fut mon Amy, pour devenir le vostre,
Je donnerois mon sang, je donnerois mon cœur,
Et ce discours n'est point un effet de ma peur.

DOM JUAN.

Outre qu'un Genereux facilement pardonne,

Comedie. 93

Cette seule raison sans doute est assez bonne,
Je veux que vous l'ayez tué sans y penser,
Et que vous n'ayez eu dessein de m'offencer;
Mais vous ne vous lavez icy que d'une offence,
Et ma Sœur contre vous me demande vangeance;
Et puis que son honneur à mon honneur est joint,
Je seray sans honneur, si ma Sœur n'en a point;
En l'humeur où je suis, je n'ay pas grande envie,
Si vous m'ostez l'honneur, de vous laisser la vie.

DOM LOUIS.

Je pourrois bien encore, épousant vostre Sœur,
Et vous rendre content, & vous rendre l'honneur;
Vous n'auriez plus sujet d'en vouloir à ma vie,
Et je n'en aurois plus de vous porter envie,
Quoy que je visse à vous, avec tous ses appas,
Celle que j'aymay bien, mais qui ne m'ayma pas.
C'est de vous que je parle, ô trop sage Isabelle,
Qui ne fûtes jamais envers moy que cruelle.
Dom Juan, quittez donc tous vos jaloux soupçons,
Que le feu de l'amour en fonde les glaçons,
Ne soyez plus atteint de cette frenesie,
Ny moy l'objet fâcheux de cette jalousie.
Il est vray, Beatris m'a deux fois introduit
Dans sa Chambre le jour, dans son Balcon la nuit;
Mais sur ma foy bien loin d'estre de la partie,
De me l'avoir promis, ou d'en estre avertie,
Si-tost qu'elle le sçeut, elle l'en querella,
Et Beatris pensa s'en aller pour cela.

DOM FERNAND.

Mon Neveu ne dit rien qui ne soit veritable;
Et si, cher Dom Juan, vous estes raisonnable,
Vous ne fermerez plus l'oreille à la raison.
Chassons donc le tumulte hors de cette Maison,
Et faisons-y rentrer la joye & l'hymenée:

Çà viste, que Lucresse soit icy amenée,
Et ma Fille Isabelle; ah! je le vois venir,
Venez, venez tâcher de les bien reünir :
Que je devray d'encens à la Bonté divine,
Puis qu'elle fait finir cette guerre intestine!
Que je me sens heureux! & vous, mes chers Enfans,
Tant pour vostre repos que celuy de mes ans,
Devenez bons amis, embrassez-vous ensemble,
Et qu'une bonne paix à jamais vous assemble.

DOM JUAN.

Je ne resiste plus, je suis vostre conseil.

DOM LOUIS.

Le plaisir que j'en sens n'eut jamais de pareil.

SCENE V.

LUCRESSE, ISABELLE, JODELET, DOM JUAN, D. LOUIS, D. FERNAND.

LUCRESSE.

O Ma chère Isabelle !

ISABELLE.

O ma chere Lucresse!

LUCRESSE.

Que nous avons de joye aprés tant de tristesse!
Et bien avois-je tort lors que vous vous plaigniez,
D'assurer qu'il n'estoit pas tel que vous disiez?

JODELET.
Je n'ay donc qu'à quitter mon habit de parade,
Puis que je ne suis plus Dom Juan d'Alvarade.
DOM JUAN.
Non non, cher Jodelet, gardez tous vos bijous,
Ils vous parent trop bien pour n'estre pas à vous.
Vous dont l'amitié m'est un don inestimable,
Recevez de ma main cette Fille adorable.
DOM JUAN.
Vous que je haïssois tantost de tout mon cœur,
Sçachez que je suis vostre, aussi bien que ma Sœur.
DOM FERNAND.
Allons mes chers Enfans, finir cette journée,
Par l'accomplissement de ce double hymenée.
JODELET.
Ma foy, vous n'estes pas encore où vous pensez,
Et les discords icy ne sont pas tout passez;
Il me faut un Portrait que retient Isabelle,
Qui pend à deux rubans au fonds de sa ruelle :
Moy qui ne sçay si c'est ou pour bien, ou pour mal,
Qu'elle garde un Portrait, perdant l'Original,
Je veux qu'on me le rende, ou bien la Comedie
Par moy, Dom Jodelet, deviendra Tragedie.
Oüy, je le veux avoir, cette Idole de prix,
Pour en favoriser ma chere Beatris.

F I N.

www.ingramcontent.com/pod-product-compliance
Lightning Source LLC
LaVergne TN
LVHW050628090426
835512LV00007B/731